MARCUS MONTENEGRO

COM ARNALDO BLOCH

SER ARTISTA

GUIA PARA UMA CARREIRA
SÓLIDA NO MUNDO DA ATUAÇÃO

HarperCollins *Brasil*

Rio de Janeiro | 2020

CB006177

DIRETORA EDITORIAL: *Raquel Cozer*

GERENTE EDITORIAL: *Renata Sturm*

EDITORA: *Diana Szylit*

REVISÃO: *Carolina Massanhi e Laila Guilherme*

CAPA: *Gabriela Lissa Sakajiri*

PROJETO GRÁFICO E DIAGRAMAÇÃO: *Renata Vidal*

FOTO DO MARCUS MONTENEGRO: *Edu Rodrigues / DKerstudio*

DADOS INTERNACIONAIS DE CATALOGAÇÃO NA PUBLICAÇÃO (CIP)
Angélica Ilacqua CRB-8/7057

M783s

    Montenegro, Marcus

       Ser artista : Guia para uma carreira sólida no mundo da atuação / Marcus Montenegro e Arnaldo Bloch. – Rio de Janeiro : HarperCollins Brasil, 2020.

       384 p.

    ISBN 978-65-5511-007-4

    1. Artistas 2. Artistas - Carreira - Desenvolvimento 3. Atores e atrizes de teatro 4. Atores e atrizes de televisão 5. Agenciamento artístico I. Título II. Bloch, Arnaldo.

20-1493

                                      CDD 792.028

                                      CDU 7.071.2

Rua da Quitanda, 86, sala 218 — Centro

Rio de Janeiro, RJ — cep 20091-005

Tel.: (21) 3175-1030

www.harpercollins.com.br

A meu bisavô Arnaldo, a origem de tudo.

À avó Lute, meu amor maior.

A meu pai Eraldo, apoio fundamental no início da carreira.

A minha mãe Marli, luz divina.

A Liliana Filardi pela amizade eterna.

Aos gigantes do teatro (in memoriam) com quem trabalhei: Bibi Ferreira, Marília Pêra, Paulo Autran, Paulo Goulart, Sérgio Britto, Tônia Carrero, Eva Todor, Selma Reis, Ida Gomes, Ariclê Perez, Solange Badim, Luiz Carlos Tourinho, Antônio Abujamra e Daisy Lúcidi.

A Nathalia Timberg, Irene Ravache, Rosamaria Murtinho, Betty Faria, Mauro Mendonça, Fúlvio Stefanini, Francisco Cuoco, Luís Melo, Selma Egrei, Esther Góes, Camila Amado, Suely Franco, Eva Wilma, Nicette Bruno, Jacqueline Laurence, Ana Lucia Torre, Zezé Motta, Ana Rosa, Bemvindo Sequeira, Herson Capri, Gracindo Júnior, Cecil Thiré, Renato Borghi, Edwin Luisi, Bete Mendes, Ângela Leal, Claudia Raia, Débora Duarte, Stella Freitas, Analu Prestes, Ângela Vieira, Françoise Forton, Eliana Rocha, Clarisse Abujamra, Genézio de Barros, Ary Coslov, Wolf Maya, Sylvia Massari, Ana Botafogo, Lu Grimaldi, Cininha de Paula, Dhu Moraes, Fafy Siqueira, Antônio Grassi, Caco Ciocler, Beth Goulart, Tânia Alves, Sandra Pêra, Diogo Vilela, Luiz Fernando Guimarães, Bárbara Bruno, José Rubens Chachá, Totia Meireles, Bia Nunnes, Guilherme Leme, Cláudia Mello, Cacá Amaral, Cassio Scapin, Ernani Moraes, Cristina Prochaska, Lígia Cortez, Isabela Garcia, Marcelo Saback e Paulo Gorgulho.

E a todas as atrizes e atores do Brasil que primam pela formação.

★ Sumário ★

PREFÁCIO

POR *NATHALIA TIMBERG*

Posso afirmar que acompanho, se não toda, pelo menos a maior parte da trajetória de Marcus Montenegro, um dos nomes mais respeitados na área de agenciamento de artistas.

Estou com ele desde a raiz, quando ele era produtor de teatro e sua Montenegro & Raman evitou que eu desistisse dos palcos, de mim.

Era 1995. Estávamos num momento em que ainda resistiam valores que trouxeram essa arte milenar até os nossos dias. Aqueles que se voltavam para possibilitar a realização do teatro ainda tinham como foco prioritário a viabilização do sonho, acreditando que, "se a vida é um sonho, o teatro é sonhar em estado de vigília".

O exercício na realização e na gestão teatral e o consequente envolvimento com seu corpo de executantes — entre técnicos e atores — levaram a Montenegro & Raman a evoluir para a representação de seus artistas junto aos empreendimentos da área das artes cênicas: teatro, cinema e televisão.

Quando Marcus deixou a Montenegro & Raman para dar início à Montenegro Talents, multiplicou-se o número de talentos representados pela empresa, bem como sua área de atividade e, também, já que estamos falando de Marcus Montenegro, de responsabilidade. E é aonde eu quero chegar com este histórico.

Para Montenegro, não se trata só de cuidar da realização profissional e jurídica, mas de não descuidar em manter viva a chama que alimenta a matéria-prima desses talentos muitas vezes ainda verdes em seu ofício.

Agenciar, para ele, é somar ao trabalho hercúleo de cuidar objetivamente da carreira de uma população de cerca de quatrocentos talentos a alimentação de sua *anima* com palestras, oficinas, indicações e depoimentos de profissionais experientes.

E foi assim que ele chegou à necessidade de levar esse trabalho, essa experiência, a um público ainda mais abrangente, trazendo-nos este *Ser artista*, cuja leitura, além de nos dar uma ideia da importância da obra deste raro produtor e agente, poderá inspirar e alimentar novos talentos.

O APRENDIZ

1. O ARCO DO TALENTO

★ O GIZ DA ARTE ★

[AS VISÕES NÃO ADIVINHAM O FUTURO:
ELAS O CONSTROEM COMO SE FOSSEM
PARTE DE UM PLANO SECRETO]

Este livro não é uma biografia, nem um volume de memórias. Mas, para que ele possa cumprir sua função, preciso antes dizer algumas palavras sobre como vim parar aqui. Assim, os ensinamentos que tentarei transmitir como homem das artes, produtor e agente de talentos farão mais sentido.

A história começa com meu bisavô. Ele se chamava Arnaldo Menezes e não só era ator de cinema mudo como estrelou, na primavera de 1906, o primeiro filme sem som do Brasil, *O livro de Carlinhos*, no qual fazia papel de um médico.

Além de ator, Arnaldo foi caixeiro-viajante, poeta e anedotista. Tinha uma grafia linda, cujos traços deixou em poemas escritos à mão que ainda conservo, e no seu *composite* — espécie de material de trabalho da época, e "cartão de visita", com foto e assinatura — que guardo no meu baú de relíquias. Na foto, sua fisionomia de *clown* me diverte de uma forma mágica. Como se, numa infância imaginária, eu o tivesse conhecido, mesmo tendo nascido depois de ele morrer.

Muito jovem, Arnaldo conheceu minha bisavó, Albertina. Mas os pais da moça, de família alemã rigorosa, não queriam saber de sua filha namorar um *bon-vivant*. Era assim que os atores, mais ainda os amadores, eram rotulados naquela época. E, de certa forma, continuam a ser rotulados hoje em dia...

Meu bisavô não deixava de ser mesmo *um bon-vivant*, mas no sentido nobre da expressão francesa: tinha amor pela vida, e sabia vivê-la. Era o ano de 1898, e o mundo girava. De Paris, chegavam os ares perfumados e esfumaçados da *belle époque*, com sua efervescência cultural e suas grandes noitadas regadas a absinto, bebida que deixava a alma artística nas alturas.

Desiludido com a recusa de Albertina, mas desimpedido, Arnaldo pegou um navio e foi para a França, onde passou uma década e viveu a virada fulgurante entre os séculos XIX e XX. Lá por 1905, amigou-se com uma bela parisiense, de quem gostou, e com quem se casou. A moça engravidou, mas, ao dar à luz, morreu.

A criança não resistiu...

Devastado, Arnaldo decidiu voltar ao Rio. No mesmo navio (é o que conta minha mãe) estava um dos Irmãos Lumière ("luz", em francês), dupla que inventou o cinema. O bisavô fez amizade com ele e, assim, dez anos depois de ter partido, aportava no Rio um pouco mais iluminado.

Num cemitério em Nova Iguaçu, onde foi visitar o túmulo de parentes, Arnaldo reencontrou a amada

Albertina, que também prestava homenagem aos seus queridos. A paixão voltou. Casaram-se e deram à luz meu avô, na onda do cinema mudo carioca: e, com uma mãozinha do irmão Lumière, sua estrela brilhou.

Mas as trevas, como tantas vezes acontece numa vida, voltariam. Um automóvel bateu no estribo do bonde em que Arnaldo viajava. O acidente levou-lhe uma perna. Um ano depois, perdeu a outra perna por causa de uma infecção.

Mas a luz não cessa. As duas pernas mecânicas que passou a usar não impediram Arnaldo de continuar frequentando religiosamente o teatro de revista, seu maior encanto. Comprava sempre a primeira fila. De madrugada, chegava em casa com a careca coberta de batom.

Eram os lábios das vedetes, que desciam do palco do cabaré e, no seu colo, com as mãos no pescoço, enchiam-no de beijos.

Minha bisavó, uma professora de piano e compositora muito ocupada, não tinha ciúmes: seu querido Arnaldo respirava arte — e a arte, boêmia, elevava seu espírito. O amor entre eles foi um autêntico folhetim, resistente às filigranas do mundanismo.

Quando, meio século depois, vim ao mundo numa casinha do Méier, já acumulava, na árvore genealógica, além de Arnaldo e Albertina, um avô figurão — o doutor Mário Calvão, contador-geral da República do presidente Juscelino Kubitschek — e um pai engenheiro e escritor.

Criança sonhadora, eu parecia ter herdado o sangue, ou a alma, do bisavô Arnaldo. Sem modéstia, eu era a alegria da casa. Gostava das artes desde pequeno. Era bem aquele guri que queria ser artista. O desinibido da trupe, que fazia o teatrinho da família no Natal — e a família aplaudia.

A avó Lute, grande amor de minha vida, por quem choro desde que partiu há 35 anos, era apaixonada pelos artistas. Morava em Petrópolis e tinha no quarto os pôsteres da revista *Amiga*, espécie de *Caras* da época. Cada vez que eu chegava lá, ela colocava o pôster diferente de um ator ou atriz, o que me deixava maravilhado.

Entre várias qualidades humanas de uma grande matriarca, vó Lute era, também, uma dedicada abatedora de galinhas. Que, em gordos ensopados dominicais, saboreávamos no quintal da casa.

Não à toa, ao saber que o neto Marcus — eu, aos quatro anos — havia sido escalado para fazer o papel de galo no auto de Natal da escola Pica-Pau, vó Lute começou a colecionar as penas para a fantasia.

Um mês depois, vestido com a penugem branca e farta do figurino, estreei no palco do salão de festas do Clube Mackenzie, no Méier (que existe até hoje), o bico em riste, com uma fala pequena, mas eloquente:

— Cocoricó!

A família caiu abaixo: todo esse trabalho só para isso? Alguém deve ter argumentado: "Ora, está certo:

o que um galo teria de mais importante e nobre a fazer que cantar, avisando que o 'céu azulou na linha do mar', para citar o samba?".

Quando já tinha dez anos, a família se mudou para a Tijuca. Na Escola Elza Campos, onde fiz o Ginásio, Dona Elcy, a professora de artes cênicas, trazia para as aulas damas dos palcos como Lupe Gigliotti, fazendo *O rapto das cebolinhas*, e a autora da peça, a lendária Maria Clara Machado, com sua companhia de teatro.

Para mim, menino suburbano, respirar esses ares de palco junto com a poeira do giz no quadro-negro era uma viagem para os sentidos e o pensamento.

Nessa época, também, fui ver, com meu irmão, Mário Luiz, a primeira peça num teatro de verdade, *Memória de um sargento de milícias*, um grande musical. Vó Lute veio junto.

No último ano do Ginásio, montei um show beneficente numa instituição tijucana, que eu mesmo produzi, escrevi e dirigi. Como se não bastasse, dos 36 quadros que faziam parte do espetáculo, fui estrela em doze. Desfilei, cantei, representei, dancei, tendo minhas amigas de turma como coristas e dançarinas. Eu queria ser ator, autor, diretor, abraçar tudo ao mesmo tempo.

Meu irmão perdeu o fôlego de tanto rir, e levei um susto prazeroso: como todo espanto que vem da arte, aquele acesso de riso foi um impulso vital.

Durante o curso Científico, no Instituto Guanabara, por um desses desvios típicos da juventude, dei uma guinada e cismei de fazer medicina. A ideia não veio do nada: desde pequeno, meu pai me dava no Natal aqueles joguinhos com instrumentação cirúrgica, bisturi e tudo. Tenho fotos de jaleco da época, costurados por vó Lute, com meus dois primos, que só falavam em ser médicos. Hoje, são respeitáveis doutores. E eu?

Bom, eu, não.

Bem que tentei, passaria para qualquer carreira, mas fui reprovado em medicina. Eu não tinha culpa se o professor de História do Ginásio nos levou, no meio dessa confusão vocacional, para ver Bibi Ferreira, a mais completa atriz da história do teatro brasileiro, no papel de Edith Piaf, cantando, dançando, no Teatro Ginástico! Moleque de dezesseis anos, tive uma daquelas visões: "Um dia vou trabalhar com essa mulher". Agenciar uma lenda na dimensão real era tudo a que, na minha ótica, alguém que amasse a arte poderia aspirar.

Às vezes penso que as visões não adivinham o futuro: elas o constroem, pavimentando o caminho como se fizessem parte de um plano secreto do espírito.

Falando em espírito, aquele mesmo irmão que me levou ao teatro, na época engenheiro de sistemas em São Paulo — e hoje um monge budista, rebatizado Gen Kelsang Drime —, ao saber de meus problemas com a medicina, pegou o avião para o Rio. Como se fosse um mensageiro medieval a cavalo, trouxe a verdade:

— Rapaz, essa não é a sua estrada. Está batendo na tecla errada. Segue o seu caminho — ele disse, e pegou a ponte aérea de volta.

Acho que pessoas já são, de certa forma, desde o início, aquilo que vão se tornar. O conselho do irmão, como futuro monge que seria, foi suficiente para que eu sepultasse a medicina sem luto. Com alegria, voltei a mirar os olhos para as estrelas que banham o céu das artes.

A professora Elcy morreu em 2019. Tivemos contato ao longo de todos esses 38 anos. Ela sempre lembrava que eu era o representante da turma. Achava que isso, em mim, era natural.

Hoje pergunto: será esse meu papel? "Representar"? Passei a vida *representando* os que têm por missão, ofício e fé a arte de… representar. E dou-me conta de como as duas acepções do verbo *representar* se casam bem.

A turma da escola ainda se fala, hoje pelos grupos de celular. Tantos afetos que encheriam páginas… Muitos vêm às minhas estreias — quando no gelo-seco do palco ainda respiramos traços daquele giz com que a arte, numa sala de aula, nos abençoou. É como se nunca tivéssemos saído da escola.

★ QUEM É VOCÊ? ★

[O ESTILO, A APARÊNCIA, NO DIA A DIA, NÃO PODEM SER MAIS VISÍVEIS QUE O SEU TRABALHO EM CENA]

Quem é você? Faço essa pergunta não para saber seu nome, sua idade, sua altura, seu peso. Afinal, isso não é um teste. Pelo menos, ainda não... Pergunto para saber se a resposta será: "sou uma atriz", ou "um ator", "um autor", "uma diretora". Ou até "um crítico", ou "um estudioso".

Não importa se você já é um profissional ou um amador. Ou que a ideia de atuar nos palcos ou nas telas seja só um desejo, um sonho, ou mesmo um hobby. Desde que a resposta conecte você ao teatro, à televisão, à performance, ao cinema, à dança — e não a outros campos que não têm nada a ver com arte —, então ela está certa.

Digo isso porque boa parte das pessoas que almejam ser artistas, mesmo as mais sinceras, tem uma tendência a construir, previamente, uma personalidade que não é a sua própria. Lançado nas redes e nas baladas, essa grande selfie cheia de filtros acaba dominando as relações com os outros, abafando o seu talento e desviando o propósito de uma carreira promissora.

Forjada nas fotos, nos gestos, nas roupas, nas atitudes, essa "imagem" pode transformar você, em tempo recorde, numa celebridade, com pencas de seguidores, cliques e *likes*. Mas seguidores de quem?

Com certeza, não os seguidores de um artista.

A demanda das redes por egos virtuais, carentes de amor e aprovação na vida real, não cessa. O risco de perseguir um sucesso superficial e terminar sem uma obra é imenso.

Agora que já expliquei em que sentido falo, faço, de novo, a pergunta. Quem é você?

Para ter certeza de que o seu "ser" é um ser "artístico", é preciso saber o que predomina: sua personalidade — ou seja, quem você é de fato — ou a sua persona, que é inventada em função da expectativa dos outros?

Se você identificou as duas, e é a segunda que predomina, mude o disco e escolha, por uns minutos, a primeira. Concentre-se e agora responda, com a cara limpa, sem maquiagem pesada, sem acessórios para *causar*, sem celular:

Quem é você?

Veja bem: para estar a serviço de múltiplos personagens, o artista tem que, antes, estar a serviço de si. Porque, se ele põe uma máscara e esconde a própria cara antes mesmo de atuar, o que o diretor, o produtor, o agente vão pensar?

Eles ficarão confusos. Pois precisam poder julgar a distância entre você — o seu "default", como se diz hoje —, e os seres imaginários em cuja pele você vai se vestir, na arte.

"Ah, eu gosto de ficar de cabelo vermelho, eu gosto de vestir roupa azul, gosto de sapato amarelo". Isso interessa ao ator, a seus colegas e a seu público?

Depende. Talvez numa entrevista sobre estilo, depois de já ter feito muitos papéis, com a carreira consolidada, seja ótimo. Então, isso se torna um *plus*, e não o motivo de tudo.

O estilo estético, a aparência, de um artista "na vida", no dia a dia, não deveria ser mais visível que seu talento ao atuar. Nem deveria ser capaz de esvaziar os personagens que você interpreta.

Hoje, o mundo da moda conversa muito com o mundo das artes. Há artistas maravilhosas que vivem no universo da moda, até porque ganham muito dinheiro com isso. Há influenciadores que viram estrelas. Mas para quem se quer artista, isso é uma consequência. Se for uma prioridade, mais cedo ou mais tarde você vai descobrir que está em outra, e que a janela se fechou no tempo.

Então, quem é você?

★ ONDE ESTÁ O DOM ★

[TER TALENTO É TER A CAPACIDADE DE VÊ-LO, USÁ-LO E MANTÊ-LO. TER ALGO QUE FIQUE NO CASULO É O MESMO QUE NÃO TER]

Talento não se escolhe ter. E, mesmo quando ele existe, não é garantia de que vá ser descoberto ou cultivado. Nem de que você tenha necessariamente a vocação para exercer aquilo que o talento possibilita.

Verdade que, se não tiver talento, fica difícil prosperar, mesmo com a melhor das formações. Já o inverso é até possível: uma pessoa sem nenhuma formação que tenha talento de sobra é comum. Mas também tende a não prosperar.

Há casos atípicos: atores sem talento nem formação mas com muito carisma, que sobressaem por ter um mistério que interessa às câmeras e ao público. Resta identificar quando esses são, ou não, artistas e trabalhar essa identificação natural.

Talento é indiscutível, você nasce com ele. É o tal do dom, com seus poderes. Depois, vai lapidando. Há grandes atores que começaram a carreira muito mal e foram crescendo até o topo. É comum o caso do ator que já encenou mil trabalhos e, só mais maduro, descobre que tem um talento específico, como uma ótima voz. Começa a cantar e vê que era isso!

Mas atenção: quando digo "ter talento", quero dizer, sobretudo, ter a capacidade de vê-lo, extraí-lo e mantê--lo. Ter algo que fique no casulo ou que fuja às mãos é o mesmo que não ter. Isso depende da vocação.

Há quem confunda a vocação com o próprio talento, mas são coisas completamente diferentes. Sem a vocação, o talento, em geral, se perde. É duro dizer, mas talvez, hoje, no mundo em que vivemos, a vocação seja mais importante que o talento.

Compreender a carreira, lidar com ela e sobreviver a ela exige uma inteligência emocional bem apurada. Muitos se perdem porque não tiveram a vocação para suportar as mazelas, as dificuldades, o dia a dia, as batalhas, as disputas. "Saber sofrer", como se diz.

Carreira não é revista de celebridades. É árdua, é para poucos (embora para muitos em número absoluto, são poucos os seres que a desejam e a suportam).

O mercado, no nosso país, é muito pequeno ainda, por mais que tenha crescido, e um grande funil continua a filtrar uma energia incessante.

Acho lindo, exemplar, emblemático, nas grandes divas do nosso teatro, essa vocação para chegar à sala de espetáculo três ou quatro horas antes e saborear aquele processo de concentração, extrair prazer dessa coisa monástica. Isso é vocação.

Acho que a diferença começa aí, para saber quem é quem, quem é grande e quem não é.

A vocação também está relacionada ao cuidado para não "matar" o talento. Sem talento não há grande arte. Mas, se o talento ficar sozinho, não sobrevive.

Tem que ser alimentado como um organismo, com estudo, formação, aperfeiçoamento, trabalho árduo, desapego ao ego e, importantíssimo: capacidade de engolir sapos.

Agora, sim, podemos falar da formação, e aí vou brincar com o papel de demiurgo que muitos atribuem a mim quando dizem que sou um midas, que produzo ouro onde toco.

Não é nada disso.

Mas, se tenho uma boa taxa de sucesso é, sobretudo, porque sou um agente que prima por ela: a formação.

Não costumo trabalhar com pessoas que não tenham formação. Esnobismo? Sim, mas não meu, e sim de quem despreza a formação. Um tipo de esnobismo que ninguém, ninguém mesmo, pode se dar ao luxo de sustentar se quiser ser artista.

Ou, então, contente-se em ser só uma pessoa que se expressa nas redes e curta sua vida de *influencer*, que pode ser muito lucrativa. Inclusive para artistas, mas aí o processo tem que ser inverso: primeiro, seja um artista. Depois, influencie.

Ora, como é que uma atriz ou um ator vão poder interpretar um personagem sem sequer ter uma compreensão do texto que recebem?

Como vai ser artista a pessoa que lê uma fala como se fosse um emaranhado de letras e palavras, sem pausa, sem matizes, sem entonação, sem intenção?

Por isso, quando converso com um novato, se sentir que tem um potencial, mas falta formação, de imediato indico centros de referência como a CAL e a Unirio (ambas no Rio), a Célia Helena, em São Paulo — hoje administrada pela filha da atriz, Lígia Cortez —, e as escolas de televisão do Wolf Maya, entre outras boas escolas espalhadas pelo Brasil.

Em Minas Gerais, há grandes centros de formação experimental e coletivos como o Grupo Galpão, verdadeiras usinas de expressão e de renovação.

A formação leva o aspirante à arte a um mundo mais consistente e a uma possibilidade de ser empreendedor (no sentido mais abrangente da palavra) de seu próprio talento. Quando você conhece bons textos, bons atores, boas histórias, você tem muito mais estofo para poder desenvolver seus projetos e analisar o que chega às suas mãos, evitando perder seu tempo.

É muito duro ter que trabalhar com um ator sem nenhum estofo. Teve um que chegou aqui na agência, era jovem, tinha um currículo razoável, mas não sabia quem era Nathalia Timberg (aguardem, ela volta no próximo capítulo). Eu fechei a cara.

— Você tem que se preparar. Não temos condição de continuar a conversa — eu disse. Nunca mais o vi.

Mas, se ele tivesse captado a mensagem, poderia ter voltado ao trem da história, pronto para a próxima parada. Para mim ele não era um ator, porque um ator que não reconhece os verdadeiros pares não o é. Exceto, claro, um fenômeno de outro mundo, o que ocorre uma ou duas vezes por década.

Para fechar a tampa de conceitos que circundam o talento, vamos falar de carisma. Como o talento, é algo que tende a ser inato, como, digamos, a musicalidade de uma alma. Há atores maravilhosos, com um talento robusto, mas que não têm nenhum carisma. É um paradoxo dos mais insanos.

Vejo o carisma como algo que faz a pessoa emanar um facho de luz. Uma luz implícita, que percorre sua expressão, seus gestos, seu sorriso, e que conquista quem a vê sem que se possa explicar o motivo.

O sorriso da Regina Duarte, em seus tempos de namoradinha do Brasil, conquistou o país. Quando Glória Pires entra no ar, preenche a tela de tal maneira que isso independe do seu talento (que é grande).

Betty Faria é o exemplo máximo, em atividade, do carisma. Sua popularidade é sempre elevada. Vive protagonistas como Tieta, um estouro, mas também personagens pequenos, como a Pilar da novela *Avenida Brasil*, que cativam. Algo inexplicável, que vai além do talento. Em Portugal, parece que está sempre no ar. O público lembra dela, a reverencia. Certa vez, em Nova York, um

grupo de americanos viu Betty debaixo de um guarda-
-chuva e a reconheceu de *Bye bye Brasil*. Em Miami, é
"Tieta" para tudo que é lado.

Esse fenômeno é difícil, para muitas pessoas, de entender, sobretudo quem tem talento, por ser uma evidência um pouco cruel: o artista sem carisma não sobrevive da mesma forma ao estrelato.

Isso não significa que o talentoso sem carisma não
vá trabalhar: ao contrário, ele sempre terá seu espaço
e, conforme sua determinação e sua energia, terá uma
carreira longa, profícua e respeitável.

Mas não será um grande astro.

Se você se senta numa mesa de bar e diz aquele
nome que, para todos, é uma referência, preste atenção:
tem carisma.

A VANTAGEM DE SER VERSÁTIL

[SER INTERESSANTE É SER INTERESSADO. NÃO É OLHAR O ESPELHO. É OLHAR O MUNDO E MERECER O INTERESSE DO OUTRO]

Ser versátil permite trabalhar em várias frentes. Quem canta, dança e interpreta já ganhou várias posições antes da largada. Se você tem essas vertentes dentro de você, tem, também, de cara, mais campos de atuação que um ator que não canta e não dança.

Claro, há artistas que só atuam, que focam de tal forma nessa capacidade que, por dedicar todo o seu tempo a ela, acabam por atingir uma excelência incomparável nesse terreno específico.

Não acredito em atrizes ou atores sem alguma cultura. Não sinto firmeza em quem senta à mesa e não tem capacidade de conversar, pelo menos, sobre o básico de tudo.

Versatilidade não é necessariamente saber fazer várias coisas, mas, sobretudo, saber que elas existem, saber o que elas são, saber apreciá-las, flertar com os diferentes espectros da arte.

Em outras palavras, além do bem que isso pode trazer ao indivíduo, este se torna interessante para o produtor, o agente, o diretor, o autor, o entrevistador, que buscam algo mais que uma máquina de atuação.

Um artista que não tenha um pouco de tudo pode não sobreviver. Se uma bela entrevista num teste ou numa audição pode abrir portas, uma péssima entrevista pode ser a derrocada antes do tempo.

Formação, por isso, não deve ser entendida só como estudo profissional, mas como conhecimento geral. Se não tiver uma formação legal, não souber expressar o que está interpretando, embalar o personagem com as lições da história e das escolas de interpretação, pode ficar muito aquém do desejável. E, por teimosia em ignorar, acabar num lugar muito ruim.

Normalmente, as grandes estrelas têm muita cultura, muita formação, e por isso brilham quando falam do trabalho que estão fazendo. Sabem trazer para o texto mais conteúdo do que o próprio texto tem. Muita gente talentosa e até famosa deixa de brilhar tanto porque não sabe se expressar.

Há atores dos quais a câmera "gosta". Outros não gostam de se ver. Uns têm cultura, mas não sabem expô-la. Outros não têm nenhum interesse em adquiri-la. Eles são tão diferentes quanto iguais entre si: sem expressão não há solução.

A versatilidade é como um prisma, que espalha o talento pelas diversas cores do espectro da compreensão humana e enriquece a cultura como um todo.

Gosto de dizer que ser interessante depende de ser interessado. Você não se torna interessante só por olhar para o espelho e achar que, ali, há algo bom. Você tem que se interessar, olhar o mundo em torno e buscar o interesse dos outros.

Isso, é claro, passa pela humildade, que muitos confundem com humilhação, erro mais afetivo que semântico. Fórmula infalível para transformar fama em lama.

Eu chego nos lugares e costumo perguntar muito. Ou, se eu desconfiar que não vai pegar muito bem perguntar, imediatamente pesquiso.

Muita gente não se toca de que as facilidades para pesquisar (com os mecanismos de busca da internet, ou a interação nas redes sociais) simplesmente não existiam até pouco tempo atrás.

Antes de meados dos anos 1990 — ou seja, há pouco menos de três décadas —, se você tinha uma dúvida, era obrigado a consultar suas enciclopédias ou seus livros de referência (se os tivesse em casa…). Ou pegar uma condução e ir visitar uma biblioteca. Hoje, é só clicar.

O problema é: clicar no quê?

Muita gente do ramo prefere se perder em postagens narcísicas, caçar *likes* ou surfar no próprio ego a cultivar-se um pouco e olhar em torno de si, interessar-se, interessar.

Cada um encontra seu caminho.

O mundo era outro quando Nathalia Timberg estava iniciando sua carreira no teatro universitário. Aquela que seria uma das grandes damas da atuação no Brasil (papéis como o de Cecília, em *Ti Ti Ti*, a atormentada mulher que fazia figurinos para dar vida a suas bonecas num mundo imaginário, foram um ápice da convergência entre a novela e a grande arte teatral) já era assediada por uma estrutura profissional. Mas sentia que, se ficasse aqui, não iria, nunca, atingir o alvo. Não se sentia capacitada. Fazia teatro desde criança, era o seu meio de expressão, mas ansiava por algo mais sólido.

Então, nos ensaios para fazer a personagem Laura no clássico *Pai*, do sueco August Strindberg, perguntou à diretora:

— O que a senhora acha que motiva este personagem?

— Isso não tem importância — respondeu aquela que era a dona do espetáculo.

— Como assim, não tem importância? — ela disse para si mesma, quase em pensamento.

E começou a correr atrás de uma bolsa de estudos. Conseguiu uma, na França, e fez o curso "Éducation par les Jeux Dramatiques", com os mestres Jean-Louis Barrault, Etienne Decroux e Tania Balachova.

De onde, além de sua maestria nos palcos, vem seu francês, que, segundo me garantiu recentemente um diretor do teatro da Maison de France do Rio, "é melhor que o dos nativos de Paris".

Isso é um caminho. Há outros. Os autodidatas de raiz podem chegar aos mesmos resultados, se souberem buscar, aqui, lá fora, nas escolas, nas prateleiras, nos palcos, na internet, as fontes para o conhecimento que torne sua arte uma porta aberta.

Mas, se não se interessar, jamais será interessante.

SOPRO QUE NÃO CESSA

[O APERFEIÇOAMENTO CONSTANTE É A MOLA PROPULSORA DE UMA OBRA. A FÓRMULA DA SUA IMORTALIDADE]

É comum que a busca pelo aperfeiçoamento seja vista como uma etapa esparsa, quando há tempo vago na vida. Um curso aqui, uma imersão ali… Ah, preciso fazer uma reciclagem… Poxa, preciso tirar um ano sabático.

Aprendi que não é por aí. Aperfeiçoamento é tudo aquilo que, na busca de conhecimento do ator, não cessa, é constante e envolve a própria rotina.

Atriz, cantora, bailarina, grande diva do teatro, do show, da TV e do cinema, sinônimo de artista polivalente, Marília Pêra é o exemplo emblemático. Quando eu a vi de perto pela primeira vez, descendo com glamour uma escadaria na gravação de um comercial de casacos de pele (na era pré-ecológica, não era considerado de mau gosto usar peles de animais), eu era apenas estagiário de publicidade na Globotech. Ela já era uma estrela. Já havia estourado na TV com a aclamada *Supermanuela*, novela em que fazia o papel-título. Trazia na bagagem teatral sucessos de público e crítica como *Elas por elas* e a premiadíssima *Fala baixo senão eu grito*. Já tinha até sido presa pela repressão por atuar em *Roda viva*, de Chico Buarque, quando enfrentou um corredor polonês. Em breve faria sua premiada cena no filme *Pixote*, que a projetaria internacionalmente.

Desde que fizemos, em 2000, nosso primeiro trabalho juntos, *Estrela tropical* (no qual interpretava sucessos da música brasileira, fechando o show vestida de Carmen Miranda), até 2015, testemunhei seu aperfeiçoamento permanente, até o último sopro. Marília morreu fazendo aulas de balé, de canto, estudando línguas, abraçando, com paixão, tudo aquilo que interessava ao seu intelecto e aos seus sentidos.

Quando, muitas vezes, as pessoas não entendem por que fulano "deixou de ser" o que era, pode ter certeza: se não é por motivo de força maior, como uma doença, a queda está relacionada à falta de aperfeiçoamento, ao famoso ato de jogar a toalha antes de acabar o jogo.

Estamos num país onde não é permitido viver do sucesso a vida inteira. Ele pode vir, mas sempre passa, inclusive para os grandes nomes. Talvez nos Estados Unidos ou em certas praças da Europa, as pessoas consigam sobreviver das suas glórias de outrora por muito mais tempo. Ou usar um sucesso para catapultar o sucesso seguinte de maneira mais automática, pois o mercado é muito intenso e rico.

Não por acaso, a memória dos grandes artistas brasileiros, de suas personalidades, de suas realizações, não é cultivada. Artistas morrem, muitas vezes em instituições como o Retiro dos Artistas (tradicional casa no Rio de Janeiro que abriga e cuida de atrizes e atores idosos que não têm recursos), e suas histórias se perdem.

Espero que daqui a dez anos as pessoas se lembrem de quem é Bibi Ferreira, eterno símbolo do que é uma atriz total. Se hoje ainda se lembram, não é por acaso, mas pelo fato de que, até o fim de sua longa vida, ela esteve presente, dirigindo, atuando, opinando, indo assistir ao trabalho das novas gerações.

Pouco mais de um ano antes de morrer, Bibi ainda subia ao palco. A última vez foi em dezembro de 2017, no espetáculo *Por toda minha vida*.

Num país e numa era em que tudo é instantâneo e o novo quase sempre supera uma boa história de vida, é preciso, como diz a canção de Caetano no grito de Gal, "estar atento e forte". Pois "não temos tempo de temer a morte". O nível de procura por quem faz parte da história vem diminuindo escandalosamente.

Anos atrás, Gilberto Gil, um artista extremamente presente no imaginário do grande público, disse, numa entrevista, que era preciso trabalhar diariamente, estar nas mídias, nas plataformas de áudio e vídeo, no marketing, nos palcos, na internet. Gil vive renovando formatos, temas, comunicando-se com o jovem.

Tônia Carrero, considerada uma das mulheres mais bonitas da memória nacional, tinha uma vivacidade que nunca se apagou e que irradiava de sua figura.

Inteligentíssima, culta, de humor aguçado, conviveu com a nata da nata, em saraus na casa dela que tinham Rubem Braga, Vinicius de Moraes, Tom Jobim entre os convivas. Era moderna e contemporânea até os últimos dias da vida. Admirava a juventude, gostava de moda, estava sempre bem perfumada. Envelheceu contemporânea, e essa é a verdadeira longevidade.

Estar vivo não é garantia de que a gente não vá morrer para o público. Daí a importância do aperfeiçoamento: ele é a mola propulsora da vida eterna de uma obra, a fórmula para a imortalidade de um legado.

2. O VALOR *DO* MATERIAL

★ TUDO NUM SÓ ARQUIVO ★

[
O *SELF-TAPE* É, HOJE, A ÚNICA FORMA
SEGURA DE CHEGAR AOS CANAIS DOS
AGENTES QUE RECRUTAM TALENTOS
]

Para muita gente, tudo é *valor material*, no sentido da matéria: os bens, o dinheiro, os contratos, a relação mercantil. Na verdade, importante, primeiro, é o valor *do* material: aquilo que é seu e que você apresenta quando se candidata a um lugar ao sol.

É um *material imaterial*, pois vem da mente, das capacidades, do pensar, do saber, da energia aplicada ao corpo; e que, depois de muito bem editado, cabe num pequeno arquivo virtual de MP4!

Falo da foto, do currículo e do *self-tape*, além de eventual seleção de trabalhos filmados. O *self-tape* é, hoje, a única forma segura de chegar aos canais dos agentes que recrutam talentos; produtores e diretores em busca de perfis; e do *casting*, que escala os elencos.

Como o mercado foi quase todo informatizado, a primeira triagem é automática. Um simples clique nas rotinas dos agentes. Não há outro modo. Até as estrelas de primeira linha estão se rendendo ao *self-tape*. Mas esse clique pode se transformar num exame profundo e mudar a sua vida.

O *self-tape* é a grande moda, mas não é uma moda supérflua, muito pelo contrário. Por isso, no ato do preparo do material, todo cuidado com os excessos é pouco, inclusive os excessos de informação, que não levam a lugar algum. Pouco interessa a quem seleciona se o artista fez 500 mil cursos em instituições sem referência, cuja lista dá sono só de olhar.

Quando leio um currículo, quero saber qual a raiz da formação, o "núcleo": onde foi? Na CAL? Na Unirio? Na escola Célia Helena? Na UFMG?

Tem um registro? Que trabalhos permitiram que ele tirasse o DRT, o registro técnico na Delegacia Regional do Trabalho, que reconhece oficialmente a atividade?

No que se refere aos trabalhos a serem listados, não interessa muito colocar "eu fiz a Dona Baratinha no interior". A menos que tenha sido uma "super Dona Baratinha no interior", com boa crítica, um prêmio, repercussão, opiniões de terceiros...

Vale, aqui, o básico: cursos relevantes, espetáculos ou gravações de destaque. As pessoas não têm tempo de ler listas. Recebo, às vezes, material de quatro páginas. Se for fazer uma triagem, não dá nem duas linhas interessantes sobre a essência do candidato.

Claro que, quanto mais apurado é esse cuidado com a apresentação do material, maior o custo. Mas o que digo aqui é um vetor. Pode-se começar do mais simples, gratuito, mas sóbrio e inteligente. E ir reciclando, editando as suas informações no decorrer da carreira, somando-se percepções, abrindo-se janelas.

O posicionamento é um dos aspectos que influenciam o tom e a qualidade do material. Algo que está fora do vídeo, da foto, dos currículos. É a maneira como você quer abordar, e como você quer chegar ao outro. Uma abordagem invasiva posiciona mal o artista.

Posicionamento ruim é falar mal, fazer comparações, maledicências, pescar babados, achar que é a bala que matou Kennedy, que é a bola da vez do bem e do mal, e outras tentações do egocentrismo.

É extremamente comum a pessoa ser eliminada pela forma com que se posicionou antes mesmo que se olhe o material. Pedidos insistentes, presunçosos, arrogância, hierarquizações, *forçações* de barra não fazem bem a ninguém, nem a quem está no topo.

Salvo, claro, as excentricidades inevitáveis, que já vêm no pacote e que não se pode controlar. Há gente que consegue, mesmo atropelando, vencer as barreiras. São exceções, nem sempre honrosas. Não se mirem nelas.

Talvez o leitor pense: o que você está sugerindo, então, é que eu esconda a personalidade e, ao mesmo tempo, seja simples, sem excessos, sem fantasias, cara limpa… parece número de equilibrista.

Respondo que tudo é uma questão de medida. De, ao menos, observar a si mesmo, estar consciente de como está agindo, decidir o que vai bancar, e saber que a escolha vai ter consequências.

Ninguém vive dentro de um espelho: mesmo na batida mais narcísica, é no mundo, na sociedade, que se vive, mais do que nunca, e da forma mais global em toda a história das relações humanas. O entretenimento é talvez o principal motor dessa nave.

Quem fizer esse exercício, em algum momento vai resvalar na percepção de que, quanto mais básico, mais neutro, melhor. Quem investe nessa marcha da exposição está entrando num terreno extremamente competitivo, inclusive num segmento menor, alternativo, intimista. O tempo, hoje, infelizmente, é curto, mesmo que se viva mais tempo. Quanto menos exposição com maior qualidade, mais longe se vai, e antes.

Na nuvem de intempéries e emoções que sufocam a razão do artista, não se pode perder a dimensão da objetividade, do profissional, no momento de cuidar das etapas formais do processo.

A avidez para entrar no mercado, a luta por um lugar num mundo em que todos já têm seus segundos de fama nas redes, com suas tribos e sua intersubjetividade, põem os sentidos e os nervos à flor da pele.

Muitas vezes a ansiedade natural é multiplicada num grau nada saudável, que leva as pessoas a invadir o espaço dos que decidem. E quem decide, por mais humano que seja (nem sempre é...), não lida bem com o assédio derramado, com hordas de candidatos que batem à porta (inclusive de casa) sem marcar hora. Ou metralham redes sociais e caixas de mensagens com áudios longos, alguns acusatórios.

Se você quer mostrar seu material, se quer enviar seus vídeos, segure a onda, vá com calma, pelos trâmites que cada empresa oferece. Isso é posicionamento. Invasão causa, mesmo em quem tem a melhor índole, repulsa, inclusive quando há intimidade.

É natural do ser humano. É uma dosagem difícil de lidar, mas que deve ser perseguida com coragem e esforços pelo autoconhecimento, sem os quais ninguém, nem atores, nem médicos, advogados ou vagabundos, é capaz de viver.

Perguntam-me, também, se desse jeito não acabo inibindo o aparecimento de um grande talento. Uma atriz, por exemplo, que tem personalidade invasiva, que é excessiva, excêntrica, mas brilhante, com potencial para ganhar o mundo.

Respondo que sim, até posso estar pondo a perder o nascimento de uma grande estrela, mas é pouco provável. Em geral, alguém assim, um perfil que surge muito raramente, vai brilhar de toda forma, não vai morrer no nascedouro por minha causa.

Vai ser, em algum momento, notado como fenômeno, uma evidência em si, e, se não for, é porque não era, "naturalmente", um astro de primeira grandeza. A verdadeira dimensão só vem com o tempo, e cada um tem que aceitar a sua.

★ O PODER DA FOTO ★

[EXCESSOS PODEM ELIMINAR O CANDIDATO: O PRODUTOR DESCONFIA LOGO DE QUE VOCÊ NÃO QUER MOSTRAR SUA CARA]

No material, a foto é a porta de entrada do caçador de talentos para a sua vida. Antes mesmo do currículo e dos vídeos, ele vai olhar sua cara naquela que você escolheu para ser a sua primeira imagem, o abre-alas da sua identidade como pessoa e artista. A essa foto "oficial" devem ser anexadas, à parte, mais três ou quatro imagens, com *looks* diferentes da primeira.

Se você tem cabelo longo, o anexo deve ter opções com rabo de cavalo e coque, por exemplo. Se tem o cabelo curto, use ângulos diferentes da foto oficial.

Ao olhar para a foto, quem recebe o material busca, acima de tudo, simplicidade, pois, sem ela, o agente nunca saberá quem você realmente é. Os personagens ficam para depois, na hora de atuar. Trata-se de exibir o artista, e só ele.

Os atores, muitas vezes, no começo de carreira, têm mania de enviar imagens de trabalhos anteriores, peças, ensaios, poses com figurino. Isso só confunde. Quem recebe o material está interessado numa boa foto, com boa luz e fundo neutro. Ou, se for um ambiente, que seja natural e não interfira com o objetivo principal: produzir uma imagem bacana do artista.

"Clean" é a palavra-chave para o que seria o estilo dessa foto. Em minha agência, eu radicalizo neste quesito: todas as fotos são de atrizes e atores vestidos de preto e com fundo branco. O básico, o simples, com iluminação equilibrada e ambiente minimalista, garante que se transmitam honestidade e dedicação.

Além disso, é preciso, no mínimo a cada dois anos (ou menos, se houver mudança brusca no físico ou na fisionomia), atualizar essa imagem: o produtor de elenco quer ver como seu contratado está "agora", ou no momento em que precisar dele.

O objetivo é que ele veja a pessoa bonita, com uma maquiagem de pele leve, um cabelo sem grandes produções — ou seja, você, um artista que se cuida mas não esconde a sua cara nem se fantasia quando está na própria pele. Uma foto com excessos é capaz, muito provavelmente, de eliminar o candidato de cara, pois o produtor suspeita, desde o início, de que se trata de alguém que não quer mostrar quem é.

E com razão: muitas vezes, a pessoa que tenta a sorte no mundo da atuação cede à tentação de mostrar na foto alguém que ela não é, mesmo que inconscientemente ache que está retratando a si mesma. É um tipo de viagem no ego, essa busca por uma persona, com uma "beleza" idealizada, "maior", subjetivada. Nesses casos, o poder da decepção é demolidor.

Já recebi fotos que, depois, na hora de encontrar pessoalmente o artista, o agente, o produtor, o diretor, dizem, ou pensam: "Nossa, essa pessoa era muito mais bonita na foto". Não seria muito mais legal surpreender, em vez de correr o risco de decepcionar?

★ VÍDEO É VIDA ★

[ESSE É O MOMENTO DE AVALIAR DICÇÃO, VOZ, INTENÇÃO, RESPIRAÇÃO E A COMPREENSÃO DO TEXTO. OU SEJA: QUASE TUDO!]

Passado o teste da foto, que é a imagem estática, "marcante", vem a hora do movimento: o vídeo. O teste presencial será o último de todos, uma fase do chamado *call-back*, que já é o retorno concreto. O primeiro contato com os escritórios de agenciamento, portanto, é esse vídeo, que tem que ser encarado como uma peça preciosa.

O ideal é que seja feito em casa, sem depender de terceiros. É uma tecnologia que as pessoas estão buscando cada vez mais dominar de forma autônoma. O problema não é a parte de equipamento, que pode se resolver com um celular e um tripé, mas o que fazer diante da lente para que a chance de ser chamado aumente.

E, aí, alguns equívocos se repetem.

Primeiro: enviar vídeos com filmagens de peças ao vivo é um hábito perigoso. A cena escolhida, ou a captação, ou a qualidade da imagem, podem não estar boas, por melhor que seja a cena.

Assim, se o candidato não tem um bom material de trabalho gravado, por nunca ter feito cinema ou televisão, melhor produzir seu próprio vídeo. Até porque a tecnologia permite isso sem muito custo. Ou até de graça.

Escolha um bom texto, isso já é metade do caminho. Use um fundo sem grandes invenções: isso só distrai quem assiste. Trabalhe, sim, sua interpretação. É esse o momento. Ali, o agente, o produtor, o diretor ou quem estiver envolvido com a formação de elenco vai avaliar a dicção, a voz, a intenção, a respiração, a compreensão do que se está dizendo, o pensamento sobre o texto.

Ou seja: quase tudo!

O fato de o artista saber o que está fazendo tende a ser um sinal de que ele tem capacidade de lidar com o universo de atuação. Quando não tem, ou não buscou, esse domínio, esse contexto, essa concentração, fica visível que não está preparado. Ou pior: que nem pensou sobre o que é realmente se preparar.

A experiência ensina a quem seleciona talentos o seguinte: quem é bom em geral envia um material coerente com o que se pede e, principalmente, com o que o próprio candidato busca.

A atrizes e atores profissionais, que já estão no mercado há tempos, pedimos um *reel*, como dizem os americanos, que é o "rolo" de trabalho (*reel* faz mesmo pensar em *rolo*…). Depois o rolo virou *tape*, mais tarde DVD. Hoje, é um arquivo virtual, de MP4, o mais usado. Deve ter de 3 a 5 minutos, contendo uma compilação bem editada de boas cenas.

Para quem já está no mercado, salvo exceções, é bom evitar cenas antigas em demasia, porque, em geral, não estão na memória de muita gente jovem que participa desses processos de seleção.

Ou seja, quem já está com quarenta anos, não tem por que enviar uma cena com vinte anos. Só se for algo que está no imaginário mais coletivo, que marcou época e esteja presente hoje no YouTube e em outros universos de grande acesso.

Erra-se bastante nesse particular. Cito o caso de uma compilação com os melhores trabalhos na carreira de uma atriz, entre os vinte e trinta anos, que, de repente, mostra um grande hiato de tempo sem nada relevante.

Se for mandar uma cena clássica, então que seja só uma, importante, para lembrar de algo que é um carimbo, uma marca, se houver; e outra, recente, contemporânea, essa, sim, indispensável.

E bola pra frente.

COM A PALAVRA, A LÍNGUA

[BASTA UM MINUTO FALANDO DE SI, EM INGLÊS, NA CÂMERA DO CELULAR, PARA MOSTRAR SEGURANÇA E DOMÍNIO]

Outro ponto focal do preparo do material é o conhecimento de idiomas. O Brasil, felizmente, é um país que vem abrindo parcerias internacionais no setor audiovisual e também no de grandes espetáculos teatrais, principalmente musicais.

Nós já temos no Brasil uma certa produção em línguas estrangeiras, o espanhol com maior frequência que outras. A Rede Globo fechou, em 2019, uma série em parceria com a Sony toda em inglês, mas feita e rodada no Brasil. País que parece, nessa virada de milênio, ser mesmo a bola da vez para o mercado hispânico e boa parte dos investidores americanos.

Já emplaquei, em 2018, atores que agencio falando inglês numa série da HBO. Agenciei um teste para uma produção de *streaming* que precisava de atrizes brasileiras que não só falassem, mas cantassem… em espanhol.

Sempre que possível, investir no inglês abre um horizonte amplo, ao se apostar numa tendência de internacionalização que tende a se ampliar.

Há um grande porém. Num teste, os pretendentes a um papel em inglês têm que ter o que hoje se chama de *conversation*. Não basta decorar e dizer o texto em inglês, por melhor que seja o sotaque, a prosódia, a compreensão, a atuação. Pois terá que enfrentar também a entrevista em inglês, e, se não souber conversar, não passa. "Ele não fala inglês, ele decora", é o que o mercado costuma dizer de um teste assim. É cruel.

Você diria: mas um famoso, uma diva, um ator profundo, mesmo que não converse em inglês, não vai ser vetado. Ele vai ensaiar até parecer natural. Respondo: cada vez menos isso é uma realidade, e a maioria dos famosos sem conversação não entra mais.

Vale também para o espanhol e outros idiomas populares. Um ator que diga "ah, eu falo castelhano" vai ouvir: "Ok, mas você tem que ter condições de interpretar e conversar, nos ensaios, na coxia, nos bastidores".

É assim que a banda está tocando. Num teste, entrou no estúdio, o produtor de elenco já vai puxar papo em inglês, ou propor uma improvisação no idioma... Nessa hora, quem não souber se virar, vai embora.

Para quem investe nisso, é fundamental que os idiomas estejam no vídeo de apresentação. Não precisa ser texto de interpretação. Melhor até que não seja, pois o que se avalia é o domínio natural, como já explicado.

Um minuto falando de si mesmo, com naturalidade, na câmera, em inglês ou espanhol, com um bom celular, basta para comunicar autoconhecimento, segurança, domínio. É isso que, do outro lado, os produtores estão avaliando.

Um agente profissional e responsável não vai enviar para um teste em inglês um ator que ele sabe que não tem conversação. Nem vai aceitar produzir um vídeo que não corresponda à sua realidade no idioma.

Fascinava-me ver como vultos como Bibi Ferreira e Marília Pêra tiravam isso de letra. Ver Bibi chegar em Paris e dar uma coletiva em francês, ou em inglês em Nova York, dava um orgulho tremendo.

O jornalista especializado, o crítico, ficam fascinados por atores e atrizes assim, sobretudo em praças do mundo onde a cultura é mais valorizada em seu sentido "culto". Eles respeitam o artista em um outro nível.

Claro que há casos em que esse *falar* carrega um sotaque. Tomando um exemplo da literatura, Jorge Amado falava um francês perfeito do ponto de vista gramatical, com vocabulário rico e regência chique, mas com sotaque e dicção de forte tonalidade nordestina.

Isso não atrapalhava em nada seus discursos, suas entrevistas, seus colóquios, suas mesas, suas trocas com os maiores escritores do mundo.

Na verdade, até adicionava um charme.

Villa-Lobos também era assim, para colher um exemplo da música, e seu discurso em francês sobre o choro (ou "*chorôs*", como apelidou, afrancesado) é um clássico do sotaque carregado de graça e elegância.

Mas no teatro, no cinema, na televisão, o sotaque começa, também, a reduzir muito as chances, e já há casos em que se exige que seja perfeito, ou próximo disso. Como no teste para a série *O anjo de Hamburgo*, sobre o heroísmo da mulher de Guimarães Rosa, toda falada em inglês, mas produzida aqui.

O sotaque pode até ter um *plus* para as mídias, na comunicação com colegas nos festivais, para os contatos com grandes produtores.

Mas, na hora de atuar, pode não servir.

Só se for para uma paródia, uma produção mais irreverente, uma farsa cômica, ou então, claro, um daqueles fenômenos raros como Carmen Miranda, quando tudo se encaixa: seu R puxado ganhou Hollywood e o mundo inteiro.

Mas sem jamais esquecer a nossa própria matriz. Como bem lembra, em seus colóquios, a atriz Rosamaria Murtinho, evocando a frase de Bertolt Brecht:

"Se queres falar para o mundo todo, fala primeiro da tua aldeia."

★ O VOO DA VOZ ★

[
VELOCIDADE NÃO É DICÇÃO. É SÓ
UMA TORRENTE DE PALAVRAS E LETRAS
TROPEÇANDO UMAS SOBRE AS OUTRAS
]

A VOZ, incluindo nela a dicção e a prosódia (acento, entoação, musicalidade, sotaques), é o fundamento central no qual se sustenta o voo da atuação. Muito ator surge em cena sem bom domínio da voz e com má dicção. Outros, com um sotaque que não conseguem tirar.

A voz tem que estar a serviço do personagem, que pode carregar um universo de procedências, falas, modos, vícios: é para ela que ator/atriz trabalham.

Quando o jogo se inverte e a regra passa a ser o personagem a serviço das idiossincrasias e das limitações do artista, o espectro de criação fica bem empobrecido.

A "cura" para esses males vem em etapas. Primeiro, a aula de voz e dicção, para trabalhar o controle da emissão de acordo com a plataforma. Há atores que vêm do teatro e quando vão para a TV estouram, no mau sentido, a emissão. Eles gritam, ficam *over*, achando que estão no palco. Mas estão no estúdio, com microfones e captações. Melhor para eles, que, por sua extensão, saberão se adaptar, mas é preciso aplicar-se.

Já a garotada tem escorregado muito na dicção. E, sem nenhuma bagagem, isso é fatal. Para a maioria, tudo é velocidade. Por isso a articulação das palavras fica tão ruim. Em alguns casos nem existe articulação: é uma torrente de palavras e letras tropeçando umas sobre as outras. Dá até dó, porque essa meninada nem tem ideia do que está acontecendo, são como um veículo desgovernado numa pista molhada.

Mas suponhamos que você já resolveu isso, passou pela fase da dicção. A próxima etapa será a emissão, que lida com o domínio da própria voz. É a capacidade de escutá-la e controlá-la, para que ela passeie agradavelmente pelo contínuo vocal e, essencialmente, seja boa de ouvir em qualquer escala, de acordo com o seu alcance pessoal.

Bibi Ferreira falava muito disso. Achava que, no começo, não tinha voz bonita. Inclusive, dizia que seu canto acabou melhorando graças ao excesso de exercícios para trabalhar a fala. E concluía que envelheceu com uma voz melhor do que a que tinha na juventude, o contrário do habitual. Acabou sendo considerada a maior voz do teatro brasileiro, embora achasse que Nathalia Timberg tinha a mais bela voz.

Eu sei o que a Bibi fazia. Não falava ao telefone, não bebia gelado, não dormia com ar-condicionado por nada. A gente chegava à casa dela e era um calor absurdo, suava-se como louco. Então, ela manteve aquela voz até os 96 anos por excesso de zelo, no bom sentido. O pessoal perguntava a ela:

— O que você acha, Bibi, que o ator, antes de mais nada, tem que ter?

— Tem que ter voz. Tem que falar alto — ela respondia.

Claro, quando elas começaram no teatro, não havia microfone (e hoje em dia, dependendo do conceito da montagem, não haverá). Ter que alcançar a velhinha da última fila era, e ainda é, portanto, o fundamento número 1 da arte mais básica de atuar.

A questão, delicada, é que, se por um lado um ator ou uma atriz que vêm do teatro podem perfeitamente modular a voz e se adaptar à microfonagem dos estúdios e de alguns espetáculos, o oposto muitas vezes não é verdade: quem vem da TV ou de lugar nenhum e tenta o teatro vai constatar que sua voz é baixa, que não alcança nem a fila do meio, quanto mais a velhinha da última fila.

Ou então será aquele ator que acha que berrar é ter alcance e não consegue transmitir qualquer sutileza, porque não aprendeu a usar o diafragma, a respirar, a emitir.

O estudo e a dedicação à voz, além disso, caminham junto com o autoconhecimento, pois a voz está intimamente ligada à psique. Como dizia Pedro Bloch, pioneiro da fonoaudiologia no Brasil e dramaturgo, que tinha atores e cantores como clientes, as diferentes vozes de cada indivíduo são como máscaras: na vida ou no palco, elas dizem quem você é, quer ser ou esconde ser. Quem sabe jogar (com a ambiguidade sartriana do sentido francês, *jouer*, de atuar ou brincar) com as próprias máscaras, tem a habilidade de vestir-se de seus personagens como se fossem o próprio corpo.

NÃO EMPAQUE NO SOTAQUE

ELIMINE REGIONALISMOS (O CANTADO DO CARIOCA, AS SÍLABAS DOS PAULISTAS...), A NÃO SER QUANDO O PERSONAGEM EXIGIR

Vivemos num país com muitas regiões e sub-regiões, o que multiplica os modos de falar. Muita gente tem dificuldade em livrar-se do sotaque de origem, e este é um aprendizado necessário na arte de atuar. Numa entrevista ou num teste com um candidato que carregue demais na fala, o recrutador já se pergunta se o ator conseguirá fazer o texto sem o sotaque. Ou com outro sotaque, dependendo do perfil do personagem.

Assim, para os diretores, o pessoal de elenco e os autores, um dos pré-requisitos fundamentais é a capacidade de falar com sotaque neutro, que não identifique o candidato, de cara, como sendo daqui ou dali para que, só em seguida, de acordo com o papel, se trabalhe a prosódia com determinado objetivo.

Ao chegar ao front dos testes e das audições, é preciso, portanto, saber não regionalizar, não demonstrar que você tem um sotaque nativo do seu estado natal. Se o produtor de elenco ficar com a sensação de que o candidato não sabe falar de outro modo, a eliminação é garantida.

É complicado dizer que sotaque, ou não sotaque, é esse. Cheguei a pensar que fosse o carioquês, muito presente nas novelas, mas a coisa é bem mais complexa. Recorrendo à fonoaudióloga Rose Gonçalves, uma das maiores autoridades no assunto, preparadora vocal experimentada, aprendi que essa neutralidade se encontra ao mesmo tempo num esforço para eliminar os regionalismos mais carregados (o cantado excessivo do carioca, as longas e arrastadas sílabas dos paulistas...) ao mesmo tempo que se recolhe, de cada região, aquilo que ela teria de mais equilibrado, formador.

E há a pronúncia das letras. De acordo com Rose, o R foneticamente "correto" seria o do Rio de Janeiro, o chamado R velar, com a parte de trás da língua, diferente do R paulista, seja o mais italiano (com a ponta da língua vibrando), seja o do interior, que parece inglês (a ponta da língua recua).

Já o S carioca é problemático: tende sempre para o X ou o CH muito mais que o próprio S lusitano (moderado), pois o lábio superior encontra o inferior. Deve ser evitado e substituído pelo S paulista ou pelo mineiro (os cantos da boca se alargam na direção da orelha), desde que não seja longo demais.

Por outro lado, as abreviações e contrações mineiras, tão apreciadas no cotidiano ou em personagens mineiros, serão um desastre num teste inespecífico.

Há também essa mania, que não é exclusiva de nenhuma região, de enfiar um I no meio das palavras: "paz" vira *paiz* (e ainda confunde com "pais"), "fez" vira *feiz*, "vocês", *vocêis*. Isso é rejeitadíssimo.

No Sul, embora Rose não identifique muitos problemas com as letras, o cantado característico (bem diferente do carioca) é sempre algo a ser trabalhado, enquanto em certas partes do Nordeste, como o Rio Grande do Norte, o D e o T são duros e rápidos, quando devem ser mais como um DJ ou um TH (em *dia*, ou *tia*, por exemplo). Já em Pernambuco, o pessoal esquece consoantes (falam *u'a* em vez de "uma").

Uma belíssima articulação com clareza produz também a emissão correta das vogais. Isso significa que a consoante nunca deve ultrapassar a vogal, ensina Rose. Buscar, por exemplo, um A grandão e um R, ou um S, pequenininho é uma ótima política. O contrário, um desastre. O mineiro tende mais a isso que o paulista.

Há também um "sotaque corporal". No caso do carioca, aqueles excessos do falar cantado acabam fazendo a pessoa mexer o corpo, com gingados, enquanto vai comendo consoantes como se estivesse numa eterna canção cujas notas são todas vogais.

Já o paulista muitas vezes responde, "eeeeu estoooou beeeem", como se estivesse olhando para o passado. Um atrasar da fala cumulativo. Por sua vez, a postura corporal do Sul, mais ereta, é um exemplo a ser seguido na busca do falar neutro no ponto de partida.

Para completar essa lição inestimável, Rose Gonçalves faz uma reflexão sociocultural:

"Muitas vezes essas características acabam dizendo algo sobre a procedência ou o pertencimento de grupo. Um falar de comunidade ou periferia, um sotaque esnobe da alta burguesia, um discurso carregado de gírias, uma narrativa sequestrada por modismos. Tudo isso, na busca do falar neutro, deve ser esquecido e só usado quando for a serviço de um personagem com essa ou aquela característica, natural desta ou daquela região ou situação, quando, então, o ator estudará a prosódia específica."

Lidar com o sotaque, algo tão profundo na formação de nossa identidade, é uma etapa difícil e necessária. Num cenário competitivo como o que vivemos, qualquer deslize pode ser decisivo para eliminar um bom candidato. Você pode falar muito bem e ter um sotaque inadequado.

Se seu concorrente (com uma fala ótima também) tiver um sotaque dentro do tom, você está fora.

A fala nasce da voz, que faz parte do corpo, instrumento de trabalho do ator. Quem não cuida da fala, do que diz e de como diz, não cuida de si.

★ DOMÍNIO DE CORPO ★

[O APARELHO CORPORAL É UMA TOTALIDADE. NÃO TER CONSCIÊNCIA DELE É COMO LANÇAR-SE NUM VOO SEM BÚSSOLA]

Convivendo com atrizes do quilate de Marília Pêra e presenciando, nos bastidores, o trabalho dos preparadores de atores, aprendi que artista que não tem domínio corporal não brilha no palco.

Infelizmente, há muitos, no mercado, que não sabem andar, sentar-se, caminhar naturalmente, ou não têm ideia de onde posicionar nem as mãos.

Baixinha e pequena, Bibi Ferreira, uma gigante da performance artística, quando cantava jogava os braços pra cima. As pessoas tinham uma ideia de que ela era muito maior do que na realidade!

Uma das atrizes top 5 do Brasil, Irene Ravache, com sua inteligência cênica monumental, conta que a lendária preparadora de voz Glorinha Beuttenmüller foi assistir a um ensaio dela e, a certa altura, mandou esta:

— Irene, a sensualidade está na sua mão.

Pronto. Tudo mudou. Para sempre. Essa relação com a mão passou a ser essencial, a partir do olhar do outro.

O artista tem que saber andar, onde colocar as mãos, como se expressar, até como entrar numa entrevista ou como sair de uma aparição pública.

Você não vai mexer tanto no cabelo, não vai se movimentar demais. Isso tudo, quando é desmedido, pode incomodar quem assiste. Tem gente que não possui esse domínio e se perde sem saber por quê. O teatro dá uma base sólida para esse conhecimento, pois trabalha o corpo cotidianamente.

A cena de *Coringa* (2019), com o personagem treinando, em casa, sua entrada no programa de variedades (para o qual planeja uma grande surpresa…) pode parecer, à primeira vista, o retrato de um louco em surto delirante. Mas, naquele momento, o personagem — que é um ator mentalmente perturbado — está fazendo exatamente o que manda o figurino: olhando para si, falando consigo, preocupando-se com cada gesto.

O giro de corpo gracioso, a posição das pernas, como vai cumprimentar o apresentador ao entrar, como será a coreografia de sua aparição no palco.

Depois, quando vemos sua entrada de fato, é como se pudéssemos desconstruir aqueles passos todos de quando ele estava em casa. São os passos de um ator que tem o corpo sob seu inteiro domínio.

Já a mente é outro caso…

Criador e comandante da maior parte dos musicais brasileiros das últimas duas décadas, o diretor Charles

Möeller costuma comparar seus atores a atletas, que dedicam 24 horas de seu dia (incluindo o sono de qualidade) à disponibilidade de seu corpo para o trabalho.

O cuidado com o descanso (que deve ser restaurador), a alimentação balanceada, a saúde respiratória e a proteção do aparelho vocal constituem e semeiam o terreno sagrado do corpo em estado de elevação. Por isso o desgaste das noitadas longas deve ser exceção, jamais regra. O preço a pagar é alto, e por vezes inviabiliza o potencial de um grande talento.

O corpo é uma totalidade, e não ter consciência dele é como lançar-se num voo sem bússola. Cursos de consciência corporal estão por aí, pululando, e todo tipo de atividade que aprofunde sua relação com o aparelho corporal, seja voltada especificamente para a atuação, seja num sentido mais abrangente (meditação, ioga, retiros, terapias), será inestimável. O bem-estar proporcionado por exercícios físicos, ou esportes, de que se goste faz parte do arsenal.

Claudia Raia, que a meu ver é o último exemplo brasileiro da atriz polivalente, costuma dizer que o corpo do ator é uma massa de moldar. Ela faz questão, sempre, de destacar a importância da dança como condutor dessa moldagem e base permanente do condicionamento corporal do artista que busca ser completo.

Marília Pêra tinha uma sala de balé em casa, onde praticava diariamente, e isso até o fim de sua vida.

Como diretora, ensinava aos atores que o balé trabalhava postura e a finalização das mãos. Por isso, na maioria das vezes em que dirigia, punha-os para fazer aulas de balé. Não é todo ator que tem um andar bonito no palco, uma parada de pernas elegante e natural (parar com as pernas abertas é um erro crasso).

O domínio do corpo é também o domínio de sua aparência. Sentir-se mal na própria pele (e na roupa) é gerador de estresse, um fator a mais para sugar a energia de trabalho. Busque um equilíbrio entre o que você fala, o que você veste e o que você executa. É essa mistura, o mais natural possível, dos elementos que faz alguém ser o que é.

Ainda que isso possa redundar numa certa elegância neutra, terá sido uma neutralidade em prol da arte. Os grandes artistas tendem a isto: não exorbitar na rotina, expor-se menos e, na hora de atuar, aí sim, ressurgir, em cena, vestindo a complexidade de seus personagens e dando vida à grande corrente artística.

★ GENTE COMO O AGENTE ★

[AS PORTAS SE ABREM PARA QUEM EVITA
PERDER TEMPO COM O QUE NÃO VAI ACONTECER
E APOSTA NO QUE É MAIS ADEQUADO]

Ter um agente é obrigatório? Claro que não. Mas, de certa forma, sim: mesmo que não tenha um agente profissional, todo mundo tem, de alguma forma, que se agenciar, por terceiros ou por si próprio.

Reunir seu material, enviá-lo, saber em que portas bater. O agente é gente como a gente, e pode estar em qualquer lugar da escala de produção. Se você já tem meios de chegar aos processos seletivos, se conhece gente, se aprendeu a lidar bem com os sites de elenco, isso é ótimo, vá em frente, seja agente de si mesmo.

Contratar um agente profissional, por outro lado, pode facilitar as coisas para quem se vê sem um plano, sem know-how e sem informação. Há quem pense que é uma ilusão, que não há agente para todo mundo, que será como uma fila de espera sem fim.

Não é bem isso. Há cada vez mais agentes atendendo a mais pessoas. A tecnologia, como vimos, permite reunir em poucos arquivos digitais toda a informação necessária. Um material editado à distância de um clique. Acessibilidade é a chave.

Antigamente, mesmo com um agente, era difícil chegar às pessoas que decidiam. Sem agente, então, era impossível, a não ser para os grandes caras de pau. Mas ser um cara de pau bem-sucedido não era (e não é) para qualquer um... Demandava um certo talento, uma mistura de desprendimento, equilíbrio e lábia que é bem rara. Esses caras de pau eram amados, e não rejeitados, por serem poucos e terem seu charme.

Hoje, com a internet, você chega a qualquer pessoa. Ser cara de pau é uma tentação ao alcance de um dedo, mas antes tem que combinar com quem está do outro lado do seu tablet ou do seu celular...

Tem que saber chegar. Pouco adianta sair mandando informações diretas desenfreadamente. Elas podem até ser recebidas e examinadas, mas sob o risco de você cometer um erro fatal, como é comum até mesmo em nossas trocas de mensagens por impulso no dia a dia.

Existem profissionais em todas as áreas, principalmente nas emissoras. São extremamente capacitados e passam o tempo à cata de um bom perfil.

Mas o que é um bom perfil? É preciso saber o que eles querem, e respeitá-los.

Os agentes ajudam nessa triagem. Eles recebem a solicitação e veem em que perfis você pode se encaixar. Invertem o jogo. Fazem a demanda chegar até o artista, preservando-o. Isso amplia muito o leque de possibilidades, principalmente em escritórios grandes.

Muitos atores pensam: "Mas é gente demais, a concorrência num escritório deve ser brutal".

Ao contrário! Ter muita gente permite que se chegue mais rápido a mais pessoas. O ator não compete no escritório. Ele compete no mercado. Esse, sim, é um campo lotado de gente.

Uma escalação, em geral, envolve cinquenta, sessenta pessoas fazendo teste. O volume de gente desempregada é muito alto.

Quando comecei a minha carreira na TV Globo e conheci a diretora de elenco Guta Mattos, fiquei surpreso com as paredes da sua sala, revestida de fotos de seus talentos e umas caixinhas de madeira com as cartas que seus artistas recebiam dos fãs e os próximos capítulos de novela para serem lidos.

Eram 150 caixinhas, uma grandiosidade na época.

Hoje, uma diretora de elenco tem, numa pasta de computador, 90 mil arquivos de artistas!

Mas as vagas de trabalho não aumentaram nessa proporção...

Para lidar com isso, faço um trabalho minucioso que envolve, por exemplo, uma conta de Instagram exclusiva para os agenciados, na qual vou informando cada processo de escalação em cinema, série, TV, teatro e *streaming*. Ali está o nome do autor, dos atores escalados, do produtor, do diretor, da emissora, o produto final. Vão também informações sobre os perfis que foram procurados, se o processo foi aberto para atores em geral ou só, por exemplo, para atrizes negras.

Assim, um artista meu fica sabendo o que rola no mercado, o que estão buscando e, muitas vezes, por que ele não foi indicado. Isso reduz bastante aquela sensação do "por que ele e não eu?", "por que fui rejeitado?", "por que este não era o meu perfil?".

Nesses grupos, meus atores muitas vezes descobrem que já conheciam um determinado roteirista, já têm uma relação ou já trabalharam juntos. Aquela atriz já fez oficina com o diretor desta peça. Ou já trabalhou com um certo produtor de elenco. Isso amplia a minha visão de ataque e meu horizonte estratégico.

O ator, assim, fica mais próximo do processo, do dia a dia da própria agência, como se meu próprio olhar fosse democratizado por meio desse compartilhamento.

Para os que estão entrando no escritório, eu sempre digo: "Saiba onde vai colocar o pé". Ah, abriu um teste. Certo, mas não vá fazer um teste só por fazer. Saiba quem é o diretor, pesquise sobre o autor, a produtora, a história. A distância entre um teste e uma grande roubada é muito curta. Cuidado com a avidez. Se o projeto parece muito ruim, melhor não fazer.

O mesmo vale para teste de publicidade. Se não for uma coisa realmente muito boa, está vetado! Que produto é aquele? Tem credibilidade? A quem a sua imagem vai favorecer? A que ideia seu rosto será associado?

Com acesso à informação é possível e desejável estar mais integrado e escolher melhor o seu alvo.

O agente possibilita uma dinâmica bem objetiva e sempre promissora. Quem demanda liga para o agente e diz: "Vou abrir um teste de ator, entre trinta e quarenta anos, homem alto". Então, a gente vai indicar só aquele perfil. Escalação de novela, por exemplo, é isso. Tem essa química em torno de um mesmo pilar, envolve autor, diretor, diretor artístico, preparador de elenco, pesquisador. Tudo em função de um grupo de personagens designados para o teste.

Mas a boca do funil vai se abrindo à medida que se evita perder tempo com o que não vai acontecer, com uma postura de quem sabe apostar no que é mais adequado para cada um.

O ator, muitas vezes, fecha uma porta porque acha que poderia ter feito uma personagem que julgava do seu feitio. Deixou de perceber que aquele personagem não foi visualizado pelo autor, pelo diretor, pelo preparador de elenco daquela maneira que você, apressadamente, concebeu.

Daí a regra de ouro: saiba onde está colocando o pé.

★ SEU LADO B ★

[OS HOBBIES SE IRMANAM COM A NOÇÃO
DE FASCÍNIO, DE PRAZER, DO UNIVERSO
LÚDICO. E PODEM VIRAR PROFISSÃO]

Muitas coisas que, à primeira vista, não se enquadram no conjunto de informações e imagens que compõem o material do artista podem, na verdade, ser preciosas. Por exemplo, os hobbies. Eles também podem fazer parte do material e devem, dependendo do caso, compor o arsenal.

Tudo aquilo que, em seus hábitos, pode construir um potencial personagem, ou se encaixar em outras "vidas", por exemplo, é valioso, e deve estar no *self-tape*. Como se fosse um lado B.

Uma pessoa que luta, que pratica uma arte marcial, se for boa nisso, deve fazer um vídeo que comprove sua técnica e sua verdade num combate. Um de meus atores pegou um ótimo papel porque sabia lutar. Se tiver domínio de algum esporte diferenciado, mostre. Se você é um mágico ilusionista, filme seus truques. Um minuto de mágica pode abrir portas inesperadas.

Claro que jogar nas onze não é uma obrigação. Não adianta ser polivalente pela metade. Melhor fazer poucas coisas bem que muitas coisas mediocremente. Mas, nessa triagem, nunca se deve desperdiçar aquilo que, claramente, pode somar.

Os hobbies sempre se irmanam com a noção de fascínio, de prazer, do universo lúdico, mas podem virar profissão. Tocar instrumentos, cantar, brincar com vozes... dublar... um ator meu estourou porque dublava só por prazer. Achou que era um hobby. Virou profissão no dia em que ele filmou um minuto com as diferentes vozes que sabia fazer, de personagens já conhecidos.

Então, quanto mais você se municiar de informações diferenciadas, mais você terá chances de fascinar. Se, além de falar inglês, espanhol ou francês, você tem habilidade com dança, mesmo informal, para o espelho, faça um vídeo dançando, mas ensaie bem. Se canta no chuveiro, enxugue-se e grave a canção, faça um vídeo com sua voz, chame alguém para acompanhar no piano.

Se é malabar, filme um número de malabarismo. Se sabe andar de perna de pau, vá em frente que atrás vem gente: mostre, fotografe, filme. Um minuto só, precioso, o melhor, bem selecionado. Seu material é o que você é, na vida, no corpo e na alma: o embrião de uma obra, carreira que nasce e renasce. Seu lado B é parte importante da sua gestação para a arte.

★ O MAPA DO MIDAS ★

[MANTENHA SEU MATERIAL EM TODAS
AS PLATAFORMAS ATIVAS DO MOMENTO,
TENDO OU NÃO UM AGENTE]

Para onde mandar esse material todo? Bom, pode ser para mim (por que eu iria me excluir?), mas há várias formas hoje que antigamente não existiam de se fazer conhecer. Por exemplo, os sites de elenco. Cito o que existia no início de 2020, que é quando escrevo este livro: o Elenco Digital e o Ooppah, onde busco informações como agente, mas há outros, e sempre haverá, na massa cambiante que é o mundo digital.

Nesses sites, tudo é feito virtualmente e de forma automatizada. A vantagem é que não precisa sair de casa, bater à porta, ficar em sala de espera. Economiza energia e frustrações.

O Elenco Digital, por exemplo, é um site criado pela atriz e diretora Renata Kalman, que atraiu os maiores produtores de elenco do país para os seus cadastros. Atua muito em séries, seleciona muito para Netflix e Amazon. Assim, se eles necessitam de um ator de quarenta anos, negro, de um metro e sessenta, um algoritmo cruza os dados e informa a lista completa dos que atendem à demanda mínima. O Ooppah funciona mais para os produtores fortes do Rio, e é muito consultado por televisões. As produtoras de elenco Marcela Altberg e Cibele Santa Cruz criaram, em 2020, um banco de dados, o Elenco na Rede.

Além disso, é essencial se inscrever no cadastro de talentos artísticos da Rede Globo, no site da emissora, que é bastante estruturado e... estruturante. Recentemente, surgiu um terceiro banco de elencos e de pesquisa, o site da Ciça Castello, produtora independente, que está se tornando fundamental.

Outros surgirão.

O mapa da mina é manter seu material em todas as plataformas ativas e produtivas no momento, independentemente de ter ou não um agente. Não é uma exigência ter um. A pessoa capacitada e talentosa não pode bobear em algo tão fácil e acessível como o preparo e o envio do material para todos os portais, e não só os que acha mais adequados.

Que seja um material o mais atualizado possível, aliás. Às vezes, por não ter um conjunto construtivo disponível, você simplesmente pode perder um papel ou não ser selecionado em algum processo para o qual tenha se candidatado com poucas informações.

Como agente, recomendo, também, o meu site, Montenegro Talents, que é, talvez, a ferramenta de trabalho central para me nortear. Ele tem uma visitação diária de quinhentas pessoas. É um site muito prático, que mostra uma foto sempre atual do ator, um ensaio com outros retratos, os links para seus principais trabalhos (editados), currículo, *self-tape* em geral.

Sou parceiro de todas as plataformas e meu elenco está em todas elas, sem custos. Jogo bom é bom para todo mundo.

3. TEORIA *É* PRÁTICA

★ A VIDA É UM ESTÁGIO ★

[
UM ATOR PODE DESCOBRIR QUE É
PRODUTOR OU DIRETOR E DOMINAR TODOS
OS PROCESSOS QUE ORBITAM O PALCO
]

É comum as pessoas observarem o estágio como se ele fosse só o que diz a palavra, aplicada ao âmbito profissional: um período, uma etapa, uma fase, situada cronologicamente antes de se iniciar a carreira, em geral paralelamente aos estudos universitários.

Um "estar", não um "ser".

Enganam-se: a própria vida é um estágio entre o ser e o estar. A busca de aperfeiçoamento nunca cessa numa carreira multifacetada como a artística.

Eu iria mais longe: o estágio é uma espécie de essência. Ele permite que você tenha acesso antecipado ao estado de espírito do que venha a ser um profissional completo e antenado.

Não deve, portanto, ser visto como uma etapa estanque, obrigatória, chata, mas uma oportunidade de olhar para os lados e para outras dimensões que integram as artes cênicas, a dramaturgia, o audiovisual.

Sem o estágio, eu não estaria aqui, refletindo sobre as artes. Quando criança, sonhava ser artista. Depois, passei por uma formação cultural como consumidor das artes, e o mundo do espetáculo ficou presente, com grande força, nos sentidos e no intelecto. Meus primos queriam ser médicos. Acabei tateando a medicina. Aquilo não era minha verdade. Não seguia minha real intuição. (Este é um problema que persiste e, no Brasil, toma proporções muito sérias: ter que definir seu futuro com pouca idade.)

Por sorte (ou seria graças a um plano inconsciente?), fui reprovado em medicina. Em vez de ficar lamentando, encarei o fiasco como uma oportunidade.

Dei a guinada. Em menos de um ano passei para Comunicação Social, área mais próxima ao meu alvo.

Mas continuava sem ter nenhuma ideia da direção a seguir. A estrada só clareou quando fui fazer estágio no projeto de criação de uma produtora de vídeo.

Não sabia nada de nada. Era ainda o primeiro período de faculdade, eu não passava de um calouro, naquele processo de transição.

Então, olhei para os lados.

De cara, nos primeiros meses, passei por várias vertentes: tive noções de edição, câmera e todas as disciplinas que envolvem a produção de vídeo. De repente, quando menos esperava, já estava integrado ao universo do que viria a ser minha profissão.

Foi como se eu fosse um cadete embarcando numa longa viagem espacial rumo ao futuro, com o telão da nave mostrando os mais belos mundos.

O fato é que, do estágio até hoje, continuo nesta *jornada nas estrelas*, com trocadilho, por favor.

Às vezes, a *jornada* se converte numa *guerra*. Mas, na dúvida entre a busca do conhecimento e a tentação da competição, entre explorações do que já existe e batalhas por novos mundos, o que prevalece é o mergulho nessa grande ciência que é o fazer artístico.

Minha carreira acabou se consolidando como de produtor de teatro e, depois, gestor de carreiras e "caçador de talentos". Também conhecido como "agente"...

Mas onde fui parar mesmo foi na esfera mais central e cobiçada: o front da encenação.

Por isso, se me perguntam se um produtor ou um agente é um artista, respondo, olhando para minha experiência pessoal, sem medo: sim. O motivo está lá, naquele ponto circular, abstrato: o estágio.

Se você é um ator ou uma atriz aspirante ou mesmo já formado e está numa peça, por que não acompanhar por um tempo o dia a dia do diretor? Ou atuar um pouco como assistente de produção? Ou, até mesmo, trocar experiências com o iluminador, o maquiador, o contrarregra, o eletricista?

Você pode descobrir que é um ator-produtor, ou um ator-diretor, desses que dominam todos os processos que orbitam o palco. É no estágio que se revela, quando menos se espera, a vocação.

Outro exemplo: se você fizer um trabalho de mesa — quando a direção, os autores, o elenco, fazem a leitura do texto para "entendê-lo" —, pode vir a se encantar pelo processo de direção. E, de quebra, ganhar uma compreensão mais profunda de como ler as várias camadas de interpretação que se encontram nas falas.

Pode até se encontrar, então, no lugar de ator-autor. Ou, enfim, desistir de atuar e dedicar-se à criação de texto. Ali, tudo pode mudar. Ou, mesmo que não mude, você terá, sempre, alternativas e janelas de trabalho para suportar os momentos difíceis que virão.

Por isso o estágio é decisivo no sucesso profissional. Esse acesso que você pode ter a pessoas e atividades relacionadas com o que você deseja fazer é estratégico.

Sair do próprio "mundinho". Como eu dizia no capítulo anterior, a vida é feita de network. Em um estágio, você pode conhecer uma pessoa que pode mudar a sua vida. Os atores têm maior facilidade nesse contato imediato com o próprio entorno. Por que perder a oportunidade de se abrir para o desconhecido?

★ À ESPERA DO CONVITE ★

[MULTIDISCIPLINARIDADE É A PALAVRA-CHAVE
PARA QUEM NÃO SE CONTENTA EM SER
APENAS MAIS UM NO SEU RAMO]

Na primeira metade dos anos 1950, Tom Jobim foi apresentado ao diplomata e músico Vinicius de Moraes pelo jornalista e crítico Lúcio Rangel e, pouco depois, convidado a compor com o poetinha o musical *Orfeu da Conceição*, adaptando o mito grego de Orfeu (e de Eurídice...) para a favela em pleno Carnaval.

Quando Vinicius quis saber se ele topava, Tom, um moço de classe média que vivia com "uma pastinha de arranjos para competir com o aluguel", perguntou ao Lúcio Rangel:

— Mas escuta, tem um dinheirinho nisso?

Rangel ficou escandalizado:

— Tom Jobim, esse aqui é o poeta Vinicius de Moraes.

Tom fez cara de impressionado e exclamou:

— Ah! Bom... mas... é... que eu queria saber se tem um...

E fez aquele gesto com o dedo polegar e o indicador, que o poupou de repetir a palavra "dinheirinho".

Num colóquio que fiz em 2019 com algumas das damas do teatro brasileiro na Fundação Cesgranrio, na Tijuca, a atriz Suely Franco, do alto de sua experiência de meio século de carreira (o último papel, a esfuziante Marlene na novela *A dona do pedaço*, conquistou meio mundo), ecoou a anedota, bem real e bastante universal, de Tom Jobim, usando o diminutivo, com a mesma humildade daquele músico jovem sendo convidado por Vinicius:

— Olha, tem que estudar muito, tem que ter muita paciência, e tem também que ter um outro empreguinho para ganhar dinheiro. Porque, às vezes, a gente passa um, dois anos sem receber um convite.

"Isso é verdade?", perguntará o leitor mais desavisado, que pensa que, uma vez na televisão, ainda mais com fama e nome, o dinheirinho já está garantido para a vida inteira. Mas Suely jura que sim, que é verdade.

— Você pode estar há 30, 40 anos trabalhando, mas sempre tem altas e baixas. "Quando vai ser o próximo convite?" é uma pergunta que nos persegue.

Quando, no capítulo anterior, falei do estágio, queria falar, por extensão, de um estado de espírito (ou um estágio de espírito?) que deve permanecer, orientando o caminho artístico.

E, pensando bem, qualquer caminho.

Aquilo a que hoje, no mercado, se chama de "multidisciplinaridade" (e remonta à Renascença) pode ser a chave para quem não se contenta em ser apenas mais um no seu ramo. Ou, numa analogia arriscada, não quer ser um figurante para o resto dos seus dias.

Voltando à medicina, da qual eu escapei, há hoje uma crítica forte à febre de especialização que tomou conta da profissão e tirou de muitos médicos a noção global do paciente e a própria missão. Ou a ausência do estudo de humanidades. Não espalhem, mas tem muito médico bom que não sabe quem foi Hipócrates, o fundador da medicina, ou advogado cheio de pose que não estuda filosofia.

Em outras palavras, as pessoas não devem ficar em um único sonho. Eu bato o tempo todo nessa tecla. Tem que se permitir viver várias experiências: para ter autoconhecimento e domínio da área que escolheu. E a mente aberta para uma nova possibilidade, ou várias, enriquecendo-se como ser e como profissional.

Se você não tem essa possibilidade, fica muito limitado, e a palavra "riqueza" passa a resumir-se a dinheiro. História que nem sempre termina bem.

★ JEANS É UM GÊNIO ★

[QUANDO NÃO HÁ DINHEIRO, A GENTE PODE PRODUZIR UM SONHO, OU PARTE DELE, COM PARCEIROS E PERMUTAS]

Dos quase cem espetáculos de teatro e shows que produzi, alguns me trouxeram sacadas decisivas para entender como derrotar os fantasmas da carreira e seguir sem medo. Claro, o medo nunca vai totalmente embora, mas gosto de pensar que ele representa só um por cento e fixar isso na cabeça. Para ter essas epifanias é preciso derrubar alguns mitos que parecem cristalizados, como o que diz que, sem dinheiro, não se faz um espetáculo.

Eu ainda acreditava nisso quando me meti na montagem de Wolf Maya para *Blue jeans* (Zeno Wilde e Wanderley Bragança, 1990), com música-tema do Eduardo Dussek. Era uma peça sobre prostituição masculina, assunto sobre o qual simplesmente não se falava no país. Escalamos um elenco com Alexandre Frota e Maurício Mattar — que já faziam muito sucesso — e emergentes como Fábio Assunção, além de lançar nos grandes musicais talentos como Pedrinho Vasconcellos.

Eu era diretor de produção da Companhia do Lobo, do diretor Wolf Maya. Não havia conseguido um mísero patrocínio. Eu queria um grande parceiro do setor de jeans. Tinha uma amiga que trabalhava no meio de moda que me levava às grifes, lembro bem da visita à Levis, que era a maioral.

Quando eu dizia para os clientes potenciais os nomes do elenco — Frota, Mattar, Fábio, o Wolf na direção — e o título, *Blue jeans*, que tinha tudo a ver com as marcas, todos se apaixonavam pela ideia e já queriam abrir o champanhe e fechar negócio.

Mas quando apresentava o projeto formalmente, com a temática da prostituição masculina, o champanhe voltava para o freezer.

Como não consegui captar nem um caridoso tostão, eu e Wolf conversamos. Será que não daria para viabilizar o projeto só com apoios culturais? "Talvez", ele disse, sem saber como.

Então fiz uma lista de tudo que envolvia o espetáculo, tudo que poderia representar custos, e fui à luta. Visitei 98 empresas (lembro-me precisamente desse número) dos mais variados setores, de acordo com as necessidades da produção. Do papel do cartaz ao refrigerante, da sala de ensaio ao lanche, do tênis à gráfica que imprimia cartazes, da estrutura de metal aos bonés, e os restaurantes, as passagens, o hotel, o bufê da festa de lançamento. Isso me fez ver, bem nitidamente, como o teatro e o showbiz em geral envolvem toda a cadeia produtiva e movimentam a economia. Coisa que muitos homens públicos não entendem. Resultado: o espetáculo não só foi um sucesso, como rendeu meu primeiro prêmio, o Sated (do Sindicato dos Técnicos), na categoria Melhor Diretor de Produção.

A frase de Thomas Edison, inventor da lâmpada (e de um monte de outras coisas), que conceitua genialidade como um por cento de inspiração e noventa e nove por cento de transpiração, pode ser aplicada para quase tudo que envolva ideias e criação. Mesmo se, em vez de genialidade, a meta for a excelência ou, simplesmente, a viabilização de um projeto.

Lembrei-me dessa fórmula ao me dar conta de que, no fim do longo *trottoir* à cata dos fornecedores, consegui levantar noventa e nove por cento do orçamento por meio de permutas, que são a troca do apoio pela divulgação da marca. A analogia é um pouco bizarra, mas o fato é que os noventa e nove por cento da grana vieram da transpiração. O um por cento de "inspiração" veio de meu pai, sempre pronto para um "apoio moral", que me emprestou 10 mil cruzeiros, moeda da época. O um por cento de papai mandou embora os noventa e nove por cento de medo e me deixou mais forte para enfrentar a solidão afetiva que acompanha toda incerteza. Foi a azeitona na empada do meu esforço, a cereja no bolo no meu estômago.

A lição ali era de que, quando não há dinheiro, ou quando não há todo o dinheiro, a gente pode produzir um sonho (não há outra palavra, por mais que a gente se esforce para fugir ao clichê), ou parte dele, com parceiros. Amantes das artes ou, simplesmente, gente que vê nela uma boa plataforma para seus produtos estão sempre aí, às vezes mais, às vezes menos.

É preciso, conscientes de que o patrocínio público e o fomento fiscal podem sempre escassear, e a censura pode bater à porta, livrar-se da obsessão pelo financiamento, pelo dinheiro "pronto", como única saída para viabilizar algo grande. Seja em porte, seja em qualidade. Acho que isso leva a uma estagnação que represa tanta expressão, tanta arte, tantos sonhos! Como sair da inércia? É preciso, sempre, perguntar — e agir.

EMPREENDER É UM CLÁSSICO

O EXEMPLO VEM LÁ DE TRÁS, COM AS DAMAS DO TEATRO. HOJE, COLETIVOS ESTOURAM NA REDE E *CROWDFUNDINGS* SALVAM CARREIRAS

Empreendedorismo: outra palavra da moda. E poderosa...
Mas, como é muito comum com palavras da moda, o
exemplo vem lá de trás, muito antes de a palavra ser
lançada. As grandes damas do teatro brasileiro foram
empreendedoras desde o momento em que colocaram
os pés no palco. Elas se produziram, correram atrás das
suas visões, buscaram seus autores, conheceram os diretores, montaram elencos, criaram suas companhias,
fizeram seus nomes.

Uma das campeãs do teatro brasileiro, com sessenta
peças e uma dezena de prêmios importantes, Nicette Bruno estreou, aos dezessete anos, como produtora,
com seu Teatro do Alumínio, companhia com 21 atores.
Um tio por afinidade bancava o cachê inicial.

No dia da estreia, acordou com o espaço ainda em
construção e cheio de dívidas. Precisava pagar cadeiras, luz, tudo. Em represália, o fornecedor mandou um
caminhão para retirar as poltronas. Próximo à praça
onde estava instalado, havia uma rua com muitas lojas
de móveis, e, ao saber do contratempo, os comerciantes

mandaram as cadeiras que tinham em estoque. Ao público, Nicette avisava: quem se sentisse desconfortável teria seu dinheiro de volta.

Após quinze dias, a prefeitura retirou a autorização para o funcionamento do espaço, que estava sem condições. Como todas as noites estavam lotando, alugou-se uma loja no subsolo de um edifício que pertencia a Oswald de Andrade para seguir temporada. O espetáculo foi um sucesso.

No capítulo anterior, falei de como foi montar a peça *Blue jeans* sem dinheiro e, assim, dar uma virada na minha carreira de produtor. Foi durante essa experiência que conheci Nilson Raman, que já havia produzido turnês de Bibi Ferreira. Ele seria meu sócio na produtora de teatro Montenegro & Raman durante quase vinte e sete anos (só em 2018 virei agente independente).

Raman era louco pela peça seguinte que produzi, aproveitando a estrutura da anterior, *Ali Babá e os quarenta ladrões*, o infantil mais bonito que já fiz e que ganhou o prêmio Coca-Cola de melhor produção. Ele ia ver todo domingo. Meses depois, em julho de 1992, numa grande festa no Caesar Park (também à base de permutas!), lançamos a agência, e, passados alguns anos, com Bibi Ferreira no palco do Lincoln Center em Nova York, os cartazes diziam "Montenegro & Raman", com uma estrutura jurídica local e um baita sucesso.

Dessa vez, sem permuta!

Muitos me ajudaram, me pegaram pela mão, ao enxergar meu amor por suas carreiras e pela arte.

Mal eu tinha estreado como produtor de teatro, em 1992, fui participar do tradicionalíssimo Festival de Teatro de Curitiba numa mesa-redonda, na qual eu fazia o "papel" do jovem produtor. Jorge Takla era o produtor consagrado, e o grande Paulo Autran, produtor-ator. No auditório lotado da sala menor do Guaíra, minha narração sobre como montei uma agência só com permutas o fez rir.

Resultado: virei produtor de Paulo Autran para as peças que fazia no Rio. *O quadrante*, *O céu pode esperar*, *Rei Lear*... Ao trazer, em 1995, sua interpretação em *A tempestade*, de Shakespeare, em Londrina, a céu aberto, para o antigo Metropolitan, do Rio, me tornei o primeiro produtor a realizar teatro em casa de espetáculo. Ficamos amigos e passamos muitas tardes jogando buraco no hotel, em muitas temporadas.

Hoje, o artista, e não só o produtor ou o agente, para ser grande, tem que tomar essa trilha. Temos muitos exemplos de jovens atrizes e atores que explodiram no país exatamente porque são verdadeiros produtores, que não aguardam convites e não acreditam muito nessa coisa de chance, oportunidade de ouro ou ajuda divina.

Paulo Gustavo (o ator fenômeno de *Minha mãe é uma peça*, *Vai que cola* e outros grandes sucessos da comédia contemporânea) é um dos casos mais óbvios: o primeiro programa que ele criou, *220 volts*, iniciando sua ascensão meteórica, foi gravado com um orçamento de churrasquinho e uma vontade de se expressar tão grande que o fez se virar em mil e produzir sua própria sorte em vez de esperá-la.

Eu o apresentei a Iafa Britz e levei o programa ao Multishow, e ela produziu a peça e o filme *Minha mãe é uma peça*, que teve continuação e virou série de TV em 2020.

Hoje, ele é tão cobiçado que fica difícil calcular seu cachê: é um artista praticamente impossível de contratar — distorção mercadológica com a qual as grandes divas não tiveram a sorte (ou o azar) de conviver.

Paulo Gustavo é um *case* contemporâneo sobre compreender o que é a carreira, o que é o trabalho, como se desenvolver. A pessoa que tem isso em mente, e o põe em prática, automaticamente faz o mercado girar em torno de si, em vez de orbitar loucamente os centros de poder.

A partir desse momento, vai-se para uma outra esfera da vida. Muitos hoje estouram em coletivos artísticos na internet (como o Porta dos Fundos) ou no teatro porque, aceitando ou não a palavra da moda, empreenderam. Souberam entender a tal da alma do negócio. *Crowdfundings* (as vaquinhas virtuais) surpreendem, levantando somas e salvando arenas culturais ameaçadas.

O mundo está rápido, e os artistas, cheios de potencial; a informatização dominou a cena com substituição de mercado de várias frentes profissionais. É sempre uma vantagem saber olhar o contexto. Fazê-lo com lucidez é ter uma arma para semear a paz das artes em todos os campos em vez de passar o tempo esperando a colheita.

★ REAÇÃO EM CADEIA ★

[NÃO SE DEVE JAMAIS SUBESTIMAR
O IMPULSO DE PÔR EM PRÁTICA
ALGO QUE COMEÇA COM UMA INTUIÇÃO]

Vou contar uma história pessoal que mostra como uma ideia pode provocar reações em cadeia que marcam uma transformação no mercado e na vida de várias pessoas. Conto o episódio como exemplo de que jamais se deve subestimar o impulso de pôr em prática uma intuição.

Eram meados dos anos 1990, quando me entendi com a autora Maria Adelaide do Amaral para montar um musical em cima de *Ó abre alas*, sua peça sobre a vida da compositora, instrumentista e maestrina Chiquinha Gonzaga.

Não sabíamos quem a dirigiria — na época, musicais eram fenômenos extraterrestres. De *Orfeu* a *Gota d'água*, grandes espetáculos do gênero haviam marcado época e tido importante papel político nos anos de ditadura militar. Agora, rareavam.

Eu era amigo de Claudio Botelho e Charles Möeller, que, até então, eram diretores de espetáculos modestos. Um dia, fui ver, deles, *As malvadas*, um tributo às comédias musicais, com uma pegada de *Chicago*. Adorei isso.

Resolvi apresentar a Rosamaria Murtinho, que eu estava considerando para interpretar a Chiquinha, à dupla. Rosinha, como eu a chamo, já era um monumento da atuação, desde o Teatro dos Sete nos anos 1950 (com Fernanda Montenegro, Fernando Torres, Sérgio Britto e monstros sagrados do teatro). Éramos amigos desde que Mauro Mendonça, seu marido, um grande ator e produtor, começou a trabalhar comigo. Em sua maturidade, Rosinha já acumulava grandes papéis no teatro e na TV. Mas ainda não tinha feito um musical.

Depois, apresentei a eles o texto da Maria Adelaide e perguntei se fariam uma proposta cênica. Eles toparam, criaram, reescreveram a peça inteira — a Maria Adelaide deu essa abertura para eles —, incluindo o repertório, tudo. Rosamaria aprovou. Ali, Charles e Claudio foram alçados ao primeiro grande musical da vida deles, e o maior espetáculo, em tamanho: vinte e dois atores, trezentos figurinos, oito cenários. Foi também a minha maior produção, e o maior desafio para Rosinha, que tinha de fazer várias trocas de roupa no espetáculo.

Foi a volta dos grandes testes. Lembro que eram trezentos candidatos, e não havia essa cultura de musical. Nós revelamos várias estrelas desse gênero que hoje se fixou na rotina do público: Alessandra Maestrini, Alessandra Verney, Stella Maria Rodrigues. Mas tinha também gente das antigas, como Monique Lafond.

Era um mix de tudo. Foi também quando a cantora Selma Reis virou atriz, na abertura do segundo ato, fazendo uma cantora de cabaré. Ela nunca tinha feito teatro. Foi sua ponte para a televisão, que a levou à série *Presença de Anita* e, depois, à novela *Páginas da vida*, de Manoel Carlos.

Jayme Monjardim viu a peça, e em 1999 *Chiquinha Gonzaga* virou série de TV.

Depois dessa experiência, Rosinha interpretou outra cantora, Isaurinha Garcia. Já Charles e Claudio hoje são mitos do teatro musical, que está a mil. Aquelas meninas, hoje maduras, brilham. E pensar que tudo começou com uma intuição, que virou reação em cadeia...

★ IH, LÁ VEM O COACH... ★

[ATORES GANHANDO PROTAGONISMO OU
ATRIZES COM CARREIRA SÓLIDA NÃO ESTÃO
ALI SÓ PELO TALENTO E PELA VOCAÇÃO]

Vale fazer coaching? Depende. O pessoal implica com a palavra "coach" e seus derivados, às vezes com certa razão, pois parece que tudo é coaching e que tem coach para tudo: coach para casar, coach para trabalhar, coach para ser feliz, coach para respirar, coach para ser coach. Mas a coisa, quando é séria, vale muito.

Do verbo inglês *to coach* (treinar, ensinar), a técnica ajuda a dar uma rearrumada nas peças que compõem a sua dinâmica pessoal, para impulsionar sua marcha com visão estratégica e de acordo com o que você quer para si. "Meu corpo, minha alma, minhas regras", parafraseando o ditado moderno...

Quando bem-intencionado e com boas cabeças no comando, o coaching é uma prática que reposiciona as antenas e os radares de muita gente.

Acho que a atriz ou o ator, independentemente da idade e do ponto em que estiver na carreira, tem que se preparar para obstáculos que vão mudando de configuração com o tempo.

É claro que há artistas cuja cuca dispensa técnicas, mas esses são artistas com um mundo interior muito poderoso, que recorrem a doutrinas e métodos independentes, parte de seu background e experiência.

Mas, em geral, o coach tem sido decisivo, por exemplo, para um bom teste — etapa fundamental para quem é mais jovem e precisa romper barreiras para conquistar os primeiros trabalhos com visibilidade.

Não é barato, mas não chega a ser algo inacessível para um perfil de classe média que esteja investindo suas primeiras economias na carreira.

Para quem consegue, na sequência, alguma estabilidade, há o coach mais abrangente, que se volta não só para a carreira, como também para as questões pessoais e existenciais. É o que o pessoal chama de *life coach*: o autoconhecimento permanente como fator decisivo para o trabalho.

Os atores que estão protagonizando, as atrizes que estão no mercado com uma carreira mais sólida não estão ali só pelo talento e pela vocação. Eles têm toda uma dedicação por trás, todo um estudo que os outros (o público e muitos colegas) nem sonham que existe.

O coaching e o *mentoring* (o uso de um mentor, que em alguns casos é o próprio agente) são técnicas novas, que devem ser estudadas e avaliadas como opção de planejamento de carreira.

Se você não consegue encontrar, intuitivamente, um formato para se apresentar ao mercado ou atingir uma meta, pode ser uma boa ser treinado por alguém (assim como um trainee, numa empresa, é treinado, ou como se tem um personal trainer para os exercícios) e descobrir sua voz própria mais adiante.

PLURALIDADE É TEU NOME

[AS ALMAS E OS CORPOS PLURAIS
FORAM, SÃO E SERÃO, SEMPRE,
OS MOTORES DA VIRADA]

Em 1991, Bibi Ferreira celebrou os cinquenta anos de sua carreira e setenta de vida cantando, dançando, atuando no espetáculo *Bibi in concert* (1991-1993).

Ainda viveria mais duas décadas. Aos 95, dois anos antes de partir, iria ao palco pela última vez, encerrando a turnê do espetáculo *Por toda minha vida*, no teatro Casa Grande, em 2017.

Numa cadeira, elegante e altiva, empunhou microfone e se despediu do público com as mais belas canções.

Em 2014, um ano antes de morrer, Marília Pêra, que acabara de gravar a série *Pé na cova*, de Miguel Falabella, celebrou a obra de Herivelto Martins num belo recital e protagonizou *Hello, Dolly!* numa superprodução.

Quando partiu, em 2015, estava na ativa.

Esses dois exemplos mostram como você pode envelhecer bem e trabalhar até a alta idade, sem deixar espaço para arrependimentos. E têm como protagonistas os dois maiores ícones do teatro brasileiro. Ícones também da persistência, da perseverança, da disciplina.

Herdeira única, entre as atrizes de gerações mais recentes, desses fenômenos plurais, Claudia Raia é um emblema da obstinação em ser completo, em amar todos os palcos, todos os formatos e todas as mídias.

Entre os atores homens, Miguel Falabella ainda é o mais plural e versátil. Atua com carisma absurdo, apresenta, canta, dá seus passos de dança e, como se fosse pouco, dirige, é autor, produz, escreve crônicas.

Quando você tem esses requisitos, tem, também, a chance de realizar algo grande e, quem sabe, de envergadura parecida. Mas, para tanto, é preciso ter outro equipamento que, embora não pareça, é técnico: a pluralidade.

E isso, realmente, é para poucas e poucos.

Bibi e Marília me arrastaram, em pessoa, nessa roda plural: a capacidade de alternar entre música, teatro e dança, entre canto, atuação dramática e atuação cômica.

Juntos, fizemos Paris, Portugal, Argentina. Estive ao lado de Marília quando brilhou em *Estrela tropical*, fazendo repertório de Carmen Miranda na cidade onde a Pequena Notável nasceu, Viana do Castelo. O glamour era tanto que os convidados chegavam, todos, em carros antigos.

Em Portugal, fizemos *Chanel,* que parou Lisboa. Os carros da produção vinham estampados com o rosto de Marília em sua personagem e circulavam por toda a cidade. A turnê, de quarenta dias, passou também por Figueira da Foz e pelo Porto.

Na Paris do ano 2000, no teatro Déjazet, Bibi foi Piaf. Eu estava lá e vi: na plateia, havia vários compositores de canções da musa francesa, entre os quais Michel Rivgauche e Pierre Robert.

Bibi foi Amália Rodrigues nos cassinos de Portugal. Na Argentina, fez tangos, e foi Sinatra no Lincoln Center, em dueto com Liza Minelli no número final.

Hoje o artista que é plural tem muito mais chances. Antigamente, ele não tinha um mercado de musicais no estágio que hoje se encontra: uma indústria emergente que independe das temáticas e conta com um amplo catálogo de obras estrangeiras clássicas.

Isso quando não é o caso de se criar algo em cima de temas e personagens locais. Precisamos de musicais originais e grandes espetáculos. Há um campo inexplorado para a retomada desse filão.

Nos tempos áureos dos musicais, o Brasil teve mais de quatrocentos atores contratados nos palcos do Rio e de São Paulo. Com a crise de hoje, acredito que a gente deva ter, ainda, no mínimo, uns cento e cinquenta, duzentos atores nos palcos.

Isso não existia. Na passado de Bibi e Marília, as oportunidades eram bem menores. *Ó abre alas*, com 22 atores no palco, abriu, literalmente, o palco para um desfile de produções. Para que a fila voltasse a andar mais rápido, as almas e os corpos plurais foram, são e serão sempre os motores da virada.

★ FÍSICO *VERSUS* JURÍDICO ★

[

LARGAR A CARREIRA NA MÃO DE UMA
PESSOA, SEM SUPERVISÃO, É ABRIR MÃO
DE SER DONO DO PRÓPRIO NARIZ

]

Muito artista bom, jovem ou experiente, chega na agência sem saber o que significam os termos *pessoa física* ou *pessoa jurídica*.

Pessoa física, no mundo dos contratos de emprego, é aquela contratada pela CLT, a popular carteira assinada. Mesmo com toda a desregulamentação do trabalho, ainda existem contratos assim.

Já a *pessoa jurídica* é aquela representada por uma firma própria: ela é paga em nome da sua empresa, de acordo com contratos avulsos de prestação de serviços ou de cessão de direitos autorais.

Os acordos com a pessoa jurídica nada têm a ver com as garantias asseguradas a uma pessoa física com vínculo empregatício (férias, décimo terceiro, INSS...).

Faço esse preâmbulo bem técnico para que você reveja seus conceitos e para dizer o seguinte: no mundo das artes cênicas, o mercado, hoje, caminha para ser cem por cento jurídico.

Se no início de 2020, tempo em que escrevo, você vai fazer uma novela para alguma emissora que não a

Globo, você terá que ser pessoa jurídica. O SBT, a Record, a Band, a TV a cabo, o *streaming* contratam assim. O teatro, o cinema, a publicidade, idem.

É comum a ideia de que o artista não entende de dinheiro nem deveria. De que tudo que ele precisa é de alguém para cuidar de seus contratos. Em geral, o popular *contador*.

Vou dizer: já fui roubado por contador. É um dos maiores traumas da minha carreira. E já tive que acertar a situação de muitos artistas que foram ludibriados por contadores.

Por favor, nada contra contadores. A maioria deles, como em qualquer carreira, é honesta. E eles são essenciais no processo.

Por outro lado, nada contra qualquer cidadão, incluindo atores, atrizes, autores, diretores, ter a mínima noção de como as coisas funcionam ou, ao menos, procurar assistência jurídica. Para saber quais são os seus direitos e entender o que diz o contrato e o que o contador está dizendo.

Muitos não têm ideia do que várias cláusulas do documento que vai determinar seu futuro próximo significam.

Contrato de trabalho não é contrato de aplicativo de celular. Tem que ser lido (o de celular também deveria ser, mas isso é outra história).

Como algumas pessoas ganham dinheiro muito cedo, não têm maturidade nem paciência para se dedicar à burocracia. Acham que podem entrar no mercado de olhos fechados.

Se você está prestes a se ligar a uma emissora, uma produtora, um teatro, um patrocinador, uma firma de publicidade, por meio de um papel assinado, tem que saber o que é o contrato social da sua empresa, o regime de impostos, a emissão das notas, o balanço mensal. Mesmo que você tenha um ótimo contador, terá de informá-lo dos acordos, pedir que emita notas fiscais, saber a consequência de suas retiradas.

Terá que saber que direitos você vai resguardar; qual será o uso futuro de sua obra e quais os percentuais em caso de adaptação, que em geral devem ser maiores. Ou como será o uso de sua imagem em outras plataformas.

Terá que tomar decisões se quiser se prevenir contra armadilhas. Largar tudo, a vida e a carreira, na mão de uma pessoa (contador, pais, parente, amigo), sem supervisão, é abrir mão de ser dono do próprio nariz.

Um dos primeiros programas que produzi, quando ainda estava entre o estágio e a profissionalização, foi o *Pequenas Empresas, Grandes Negócios*. A proximidade com os casos e as histórias dos pequenos empreendedores acabou me dotando de um raciocínio empresarial muito rápido.

Por isso, hoje, sempre que olho para um caso concreto, quero logo entender como aquilo está ali, se estabeleceu, o que fazem as pessoas envolvidas.

Não dá para pensar só na execução do papel e nos valores a receber! A história é mais longa...

É preciso criar um radar para o que está no seu ambiente próximo, entender como funciona o motor que o leva em frente, onde ficam o acelerador e o freio.

Se não prestar atenção, aquele carro bonito um dia não vai valer nada, você investiu um bolão e está a pé, sem dinheiro para o táxi ou mesmo o transporte público.

Por mais cruel que seja a metáfora, ela é bem exata e acaba ferindo profundamente grandes nomes da atuação.

Muita gente morre sem ter sabido o que é aposentadoria privada, sem preparo para a velhice. O Retiro dos Artistas está cheio de casos assim.

Cachês altos e regulares, a longo prazo, são para poucos, e muitas vezes o sucesso, mesmo retumbante, é só uma brisa de bonança na tempestade.

Se você for calcular o percentual daqueles artistas que ganharam muito dinheiro de forma sólida e duradoura, vai chegar a uns duzentos num universo de cem mil: 0,2 por cento.

Então, um ator que está começando deve abrir uma firma. A partir daí, passará a se inteirar de como aquilo tudo funciona. Ganhará consciência jurídica da vida.

Os formatos de empresa individual estão cada vez mais simples e permitem que se pague menos imposto, o que compensa, em parte, as perdas em direitos.

Isso dá ao artista uma grande liberdade para trabalhar com muitos clientes nos momentos em que não houver um contrato de exclusividade.

Pode parecer um pouco chato, mas administrar a carreira, hoje, faz parte do todo que é ter uma carreira. Antes não tinha esse peso todo, as coisas eram muito por fora, de gaveta, em troca de promessas.

Hoje o nível de contratação é todo legalizado, em todas as plataformas, inclusive para as redes digitais.

Ou seja, uma falsa promessa ou até um calote podem estar amparados por letras miúdas que você não leu ao assinar.

★ SE LIGA NO CONTRATO ★

[DÁ ALGUM TRABALHO, MAS POUPA
PREJUÍZOS INCALCULÁVEIS. CARREIRA
SEGURA É CARREIRA (E VIDA) MAIS LONGA]

"Sobra tempo para atuar?", você, leitor perspicaz, deve estar perguntando, com justa ironia. Digo que sim, olhando para o passado: os grandes artistas que sobreviveram à erosão do tempo, mesmo sem terem tantos contratos, com tantas minúcias, para assinar, conseguiam aliar o talento à consciência de que é preciso estar atento ao seu entorno para não levar rasteiras.

Separe um tempo para se informar. Para ler um manual de contrato. Ou, mesmo louco para assinar um papel, espere um ou dois dias, mostre-o a alguém, ao advogado de um colega, um amigo ou um parente.

Há empresas que pagam o ator ao longo de meses, com prazos de carência enormes, gerando angústia. Um contratante pode informar, num e-mail, que o cachê é de 4 mil reais sem especificar que o pagamento será feito daqui a noventa dias. Aí manda o contrato, e o coitado assina feliz, sem ler o prazo.

Há dicas que permitem checar um contrato sem a ajuda de ninguém.

Além do prazo de pagamento, exija seu nome no material de divulgação. O ator está precisando divulgar seu nome, mas, na hora dos créditos, ele não existe. Mais frustração.

Outra: para contratos de dublagem, a cobrança da diária é vital. Se não, você vai ter que usar metade de um cachê que já é baixo para comer durante as gravações. O mesmo para horas extras: observe e peça o percentual estipulado nas tabelas do sindicato.

Se não estiver no contrato, o artista não recebe.

Mais uma: a valiosíssima "cláusula de *refação*", que é, por exemplo, quando a gravação tem um problema técnico e tem que ser refeita em parte ou integralmente. O ator tem que voltar outro dia para repetir.

Esse retrabalho tem que ser pago em pelo menos trinta por cento do valor. Mas, se não tiver a cláusula de *refação* no contrato, você vai trabalhar mil dias extras sem receber um centavo nem poder reclamar.

Há cláusula para tudo, algumas que a gente nem imagina. Por exemplo, há cenas, ou filmes inteiros, que precisam ser dublados na própria língua para melhorar, ou modular, as diferenças de captação de som.

Se você não garantir que, nesses casos, só você pode dublar sua própria voz na língua portuguesa, é capaz de, na estreia, assistir a uma outra voz interpretando as falas que você passou meses estudando e que tinham a sua emoção.

Já vi atriz famosa dublada por outra. É um clássico. Ela foi reclamar e mostraram a ela o contrato, que nada estipulava a favor dela. E vamos em frente.

O período de trabalho é outra diretriz. Se assinar sem estabelecer o número de diárias (com possível renovação devidamente remunerada), pode acabar ficando escravo de um trabalho sem fim.

A logística é estratégica, tanto para as filmagens quanto para as promoções no lançamento. Tem que estar especificado o *per diem* (diária de despesas) de alimentação, viagem, hotel, traslados de ida e volta e também a qualidade desses serviços: muitas vezes você pode cair numa van lotada sem suspensão e ficar hospedado numa pensão de higiene precária.

O cuidado com a própria disponibilidade tem que estar expresso no contrato: se você sabe que não poderá estar presente num dia de filmagem ou num agendamento de lançamento, tem que combinar de comum acordo e fazer constar.

O merchandising (inserções de publicidade nos diálogos ou nos cenários e locações) direto e indireto (quando o artista não participa ativamente) é um problema. O ator novato ou menos conhecido deve ficar atento para não deixar de receber sua parte das cenas em que os mais famosos mencionam marcas de produtos. Por isso, o contrato deve estipular um percentual para merchandising direto e indireto.

Também têm que estar contemplados no contrato casos de rescisão por força maior: quando isso gerará ou não multa, para ator e contratante.

E um aspecto que talvez venha a ser o ponto nevrálgico das próximas décadas: a exclusividade.

Como o mercado hoje tem várias plataformas, se dormir no ponto você pode se ver preso a um trabalho, mesmo que tenha tempo para fazer outros.

Há oportunidades que valem a pena, se o trabalho exigir muito num tempo curto. Nesses casos, atenção à janela da exclusividade, para que não seja muito longa. E também à remuneração, que pode compensar uma fidelidade de vários meses…

A exclusividade acontece mais em TV aberta, quando você recebe por mês, como pessoa física, com garantias, por um período. É uma matemática difícil, mas que, com a cabeça fria, é possível fazer.

E é importante se atentar também ao alcance da exclusividade: por exemplo, você faz uma série e fica impedido de fazer outras naquele período, mas pode fazer uma peça, ou um filme, ou um anúncio. Se o contrato for de prioridade para o trabalho seguinte, pode estabelecer que, se depois de determinado tempo esse trabalho não aparecer, você está livre para partir para outra.

Toda essa atenção com o contrato dá algum trabalho, mas também poupa outro muito maior, além de prejuízos incalculáveis. Carreira segura e planejada é carreira, e vida, mais longa.

4. SUBA NESSE PALCO

★ SÓ O TEATRO SALVA ★

[O PALCO ENSINA A ANDAR, SENTAR, CANTAR, DANÇAR E REPRESENTAR A VIDA, OU QUALQUER COISA, AO VIVO, EM QUALQUER ESPAÇO]

Todo artista deveria passar pela experiência do teatro. Não precisa necessariamente subir no palco, embora isso seja o ideal, e só acrescenta. Porém, é essencial, no mínimo, estudar teatro, ir ao teatro, ler teatro, conhecer sua história, sua evolução, suas escolas, seus gêneros e seu impacto na civilização desde a Antiguidade Clássica, onde nasceu na forma mais conhecida no Ocidente.

Em todos os sentidos, o divisor de águas na carreira de um ator é o teatro. O teatro tem muita força. Eu primo pela formação, pelo estudo, pelo conteúdo. Acredito que a permanência no mercado se dê em função do conhecimento, mais do que qualquer outro fator que tenha dado ao aspirante acesso a ele.

Através do conhecimento, você pode suportar os momentos difíceis, os hiatos que a carreira promove e a dor que vem quando o campo de trabalho se estreita por motivos pessoais ou conjunturais.

Se você é uma atriz de TV, mas não está em uma novela, não tem contrato permanente e nada em vista, pode perfeitamente dar aulas de atuação nesse período de seca, criar uma oficina, promover workshops, juntar-se a uma companhia.

Nessa hora, fará diferença quem tiver uma base maior de conhecimento, e não aquele que só conta com a experiência para improvisar, sem saber contextualizar o que aprendeu.

Posso não ser um ator, mas a arte corre em minhas veias, e isso não começa na televisão ou no cinema, mas no teatro. Sem ele, as outras mídias (TV, cinema, internet) não bastariam para o know-how que acumulei no ramo. É preciso beber nas fontes essenciais.

Por isso digo, à maneira dos pregadores da palavra e sem medo de cometer uma blasfêmia: para quem busca a redenção pela arte, só o teatro salva.

O teatro vai desenvolver o básico em você, que é o conhecimento do corpo. Eu já vi muito ator na TV que tem um andar, um sentar feio, uma finalização de mãos feia.

Quando eu fui trabalhar com as grandes divas, tive esta revelação: ao fazer teatro, e dominar o corpo, você embarca num desenvolvimento artístico muito mais bonito. E aprende a tocar seu instrumento mais precioso: a voz.

Bibi Ferreira dizia muito isto: os novos atores brasileiros emitem a voz de maneira pequena. Por isso quem vem do teatro chega à TV falando muito alto. Mas aprende a modular isso rapidamente, pois conhece já toda a extensão, todas as sutilezas.

O teatro, o palco, ensina a respirar melhor ao vivo, o que melhora a expressão. Fornece um aprendizado do andar, do sentar, do cantar, do dançar, do representar a vida, ou qualquer coisa, ao vivo, em qualquer espaço.

O ator que estuda teatro lida, desde cedo, com marcação de palco. E aporta um estofo cultural muito maior: quando você lê muito, melhora seu português, mostra seu conhecimento e passa a ter um grau de compreensão melhor não só das peças de teatro, mas dos roteiros de TV, cinema, séries, o que vier.

Mesmo quem não gosta tanto de ler, que não cresceu lendo romances, que não teve livros em casa, vai ter que ler. Conheço atores que não gostam de livros e, pasmem, os que têm preguiça de ler roteiro. Só curtem a hora de representar. Isso é uma coisa bem característica de quem entra direto na televisão.

Os atores que vêm do teatro gostam de saber de tudo o que está acontecendo na novela: leem as falas de todos os personagens, mesmo os de fora de seu núcleo. Há outros que só leem suas próprias falas e se saem maravilhosamente bem. Mas, em certos casos, isso pode resultar numa interpretação dissociada da psicologia da trama. Em geral, é mais seguro saber onde se está na história e para onde ela e os personagens vão.

No teatro, a atriz/o ator tem de ter uma compreensão absoluta da obra e se preocupar até com a mera existência de um personagem menor que se refira, numa cena, a ele. Ou com algo que o afete, o ambiente, a cenografia... Tudo influencia o desenho psicológico da sua criação.

Isso é uma compreensão cênica só de quem vem do teatro. Estar dentro do projeto, saber de todos os detalhes, não só para compor o personagem, mas para entender cada adereço, cada luz, cada gesto.

Coisa de gente grande.

Claro, há artistas fora de série, com grande senso de observação e referência de cinema (e séries), que encontram atalhos para chegar a essa autonomia: pulam a etapa do teatro e se fazem em outras mídias demonstrando uma voz própria. Mas é comum ver atores jovens menosprezando os palcos. Ficam cheios de vícios e muletas. Dão jeitinhos, chegam lá, mas fica faltando algo. Não serão, salvo milagre, grandes estrelas.

Talvez por isso, para compensar essa deficiência, as grandes TVs estejam se munindo cada vez mais de preparadores e instrutores, fazendo workshops, batendo o texto com cada ator individualmente — às vezes na casa deles.

Porque, no teatro, o ensaio é a alma da qualidade, enquanto, com centenas de capítulos diários, praticamente não se ensaia em televisão.

Por isso a área de coaching de cena, treinamento, memorização, composição do personagem tem crescido tanto. É uma coisa nova. Os atores, os produtores ou as emissoras, antigamente, não tinham essa tradição de contratar um preparador de elenco. Por quê? Porque não precisavam. Quase todos vinham do teatro. O teatro garante o vagar necessário.

Além disso, uma peça, para quem a interpreta, nunca acaba. Rosamaria Murtinho, rainha das histórias de bastidores, recorda da última apresentação de uma peça de Arthur Miller. Terminada a temporada, foram jantar e, de repente, se viram conversando sobre novas descobertas, a serem aproveitadas na semana seguinte. "Mas nós já acabamos!", alguém alertou. Nas palavras de Rosinha, "a conversa seguiu noite adentro, e, quanto mais a gente falava, mais a gente descobria e planejava coisas que não faria nunca mais".

★ DOIDOS POR NOVELA ★

[ESCALAÇÃO É UM TIPO DE MÁQUINA GIRATÓRIA
COM QUATRO PILARES: O DIRETOR, O AUTOR,
O PRODUTOR DE ELENCO E A EMISSORA]

Boa parte dos atores e das atrizes brasileiras só pensa em fazer novela. Procura gente que quer fazer novela. Estuda porque quer fazer novela. Fazer novela. Fazer novela. Isso não é de hoje, mas desde que a televisão chegou para ficar.

A diferença é que, antes, a novela era uma etapa depois do teatro e do cinema. E quase todos os nossos grandes fizeram televisão: Fernanda Montenegro, a nossa maior estrela viva, faz. Marília Pêra fez muito.

Já Bibi Ferreira, a mais completa e o maior fenômeno da história dos palcos, não fazia. Mas aonde ela fosse, onde estivesse, ela lotava, ela acontecia, sem ajuda da telinha. É quase sobrenatural chegar à idade que ela chegou enchendo um teatro.

A novela, no entanto, tem um alcance que rompe todas as fronteiras. No início de minha carreira de produtor, lembro de estar com o Gracindo Junior em Miami para fazer o *Brasileiro, profissão esperança*. Muita gente o conhecia por causa das novelas. Aí ele dizia: "Estou com a Bibi aqui", e muita gente não sabia quem era

Bibi. Só em Portugal ela alcançou expressão fora do Brasil. Em Miami, um taxista achou que ela fosse a própria Amália Rodrigues.

Então está combinado: quase todo mundo, menos a tribo da Bibi, um dia, vai querer fazer novela. Mas é preciso antes ter uma compreensão do que é fazer novela. A escalação é uma espécie de máquina giratória que parte de quatro pilares. Um, o diretor, obviamente. Se você tem acesso a um diretor, o que é difícil, você tem a possibilidade de ter o seu material apresentado, embora nenhuma garantia de resultado.

O segundo pilar é o autor. Há autores que já escrevem pensando nos atores, que já dizem quem querem para esse ou aquele personagem, o que influencia os testes.

Mas, para isso, ou você terá que já estar no mercado, ou fazer parte do círculo de conhecidos do autor, o que, de novo, nada garante.

O terceiro é o produtor de elenco: a meu ver, o melhor caminho. É um intermediário que cuida dos interesses do candidato e também de quem está contratando, sem embolar o meio de campo com as expectativas e as arbitrariedades de cada lado. Sem falar nos jogos de manipulação, que ninguém quer numa época em que a ética começa a mandar mais no negócio.

Da mesma forma que há autores e diretores que discriminam atores, há atores que perseguem autores e diretores, até à invasão da privacidade. O produtor de elenco filtra essa atmosfera pesada. Ele foi feito para o que diz o nome: produzir elenco.

Ele tem nas mãos os pesos e as medidas. Sabe que personagens terão testes e audições e quais serão os medalhões da casa, que já estão pré-escalados e nem entram na roda.

Ele dá, ao aspirante a um papel, a situação real. Diz se ele tem chance ou não na escalação, deixando a atriz/o ator livre para outra.

O quarto e último pilar é a própria direção artística de uma emissora, que tem o controle dos seus medalhões e de quem tem que ser escalado de tempo em tempo.

Esse pilar, de uma forma geral, a não ser que você já seja uma estrela, pode esquecer…

★ SÍNDROME DE FIGURAÇÃO ★

[
ELENCO DE APOIO PODE SER LEGAL PARA
CONHECER A INDÚSTRIA, MAS, ASSIM QUE
POSSÍVEL, O IDEAL É DEIXAR ESSA FASE
]

A figuração é um papel que nenhuma produção com volume maior de personagens pode dispensar. É importante, respeitável, digno, ser figurante, e há figurantes bons ou ruins. Nunca será pouco homenageá-los.

Isso esclarecido, me vejo no dever de dizer, a quem pretende seguir uma carreira de ator ou atriz, que evite, ao máximo, fazer figuração.

Ela pouco acrescenta como experiência e em nada ajuda no currículo. Não é uma questão artística. Figurante é uma coisa, ator é outra. Não acho que seja sequer uma experiência positiva para quem deseja focar na atuação.

O que é diferente de fazer parte do elenco de apoio. Atuar em elenco de apoio pode ser legal num determinado momento de começo de carreira, para conhecer a indústria, a máquina, o posicionamento, o desenvolvimento.

Mas um ator que não tenha carreira sólida, se fizer muito elenco de apoio, não sai nunca dali. Pode prejudicar, inclusive, numa etapa futura. Bem sei que muita gente faz por necessidade. E é claro que a necessidade, às vezes, fala mais alto. Mas é preciso ter em vista que, assim que possível, o ideal é deixar essa fase.

O mesmo posso dizer da famosa "participação". O termo é sempre bonito, mas a participação em si pode não ser tão bonita assim. Há atores consagrados, com carreira bacana, que pedem para fazer participação. Eu evito ao máximo. O próprio mercado não valoriza muito. A não ser na "participação especial", quando o ator de renome é convidado para algo pontual e interessante. Diferentemente de várias participações pequenas com as quais não se imprime nada e que criam o estigma de "ator que só faz ponta".

Artista da minha agência não faz participação sem a gente ler direitinho o texto e chegar a um consenso. Claro que, se ele disser "no final do mês eu não tenho como pagar as contas", fica difícil.

Mas se a coisa não for boa, não for coerente com o trabalho dele e ele puder recusar, eu acho muito bom, porque cada um, mesmo no início, tem que saber seu tamanho real.

Saber olhar para cima, não para baixo.

Às vezes mais vale um sacrifício, pedir dinheiro emprestado, do que fazer uma ponta tétrica. Lá na frente, o esforço vai compensar.

É uma química delicada. Leia a história, entenda os personagens em sua dimensão. Às vezes o sujeito

lê no jornal: "história que vai ter muitos 'japoneses'".
Aí, todo ator descendente de japoneses acha que tem que estar ali.

A que custo?

Ou, então, a história tem vários personagens gordos, e todos os atores com essa característica já acham que vão arrasar na participação.

No final, participações, pontas, elenco de apoio podem ser formas disfarçadas de dizer "figuração".

Mas uma figuração com upgrade nunca deixará de ser figuração. Se você é ator, deixe esse papel para os figurantes, que têm, e merecem, seu valioso espaço.

★ VER O QUE NÃO EXISTE ★

[A GRANDE TACADA, A BOLA DO JOGO,
COM CERTEZA ESTARÁ, EM ALGUM
MOMENTO, QUICANDO DIANTE DA GENTE]

"E agora? O que é que eu vou fazer? Quero ir para o palco mas não tenho texto, não tenho ideia, não tenho nada nas mãos", diz o ator, cheio de energia, encarando o vazio. Digo a ele: é preciso ficar sempre muito atento a tudo que a vida nos mostra e não vemos.

As datas comemorativas, as histórias importantes, as circunstâncias, as conversas — o grande lance, a grande tacada, a bola do jogo, com certeza estará, em algum momento, quicando diante da gente. Mas falta-nos aquilo que hoje se chama "serendipidade" (do inglês *serendipity*, termo muito usado no jazz), que é a capacidade de aproveitar o acaso de forma produtiva, ao enxergar aquilo que está ali, mas não captamos.

Às vezes é um olhar. Às vezes você está lendo um jornal, e uma notinha, uma data, uma anedota chama sua atenção; ou ouve, do vizinho, uma música que toca e remete à esperada fonte da criação.

O novato talentoso, mas sem espaço, é capaz de perguntar, então: "Mas como eu vou conquistar os outros com uma grande ideia, supondo que eu a descubra, se eu não sou ninguém ali?".

Aí eu respondo, de novo: é um ledo engano acreditar que é preciso "ser alguém" para fazer acontecer. Quando há talento, o poder que move a máquina do palco está, sempre, na ideia. O nome do artista é construído se essa conjunção for feliz.

Um ator jovem em 2014 conseguiu os direitos para fazer um texto denso, explosivo e político como *Incêndios*, do libanês Wajdi Mouawad, peça transgressora de 2003 que já tinha virado filme indicado ao Oscar.

O jovem ator bateu na porta da atriz Marieta Severo e conquistou a estrela. E, de repente, lá estava a peça, dirigida por um mestre como Aderbal Freire-Filho, rodando o Brasil por dois anos. A peça foi premiada.

É um ótimo exemplo de como um gesto de ousadia pode dar à luz um jovem talento que, de berço, já mexe com a cena teatral trazendo conteúdo, reflexão e engajamento.

Quando você tem uma grande ideia, pode atrair um grande nome. Você poderá não ser o protagonista, terá que arcar com toda a projeção num personagem que não é o seu, mas você já embarcou no bonde da história, já é um passageiro das artes.

Às vezes, você vê um bom filme e daí pode surgir uma ótima adaptação. Ou assiste a uma comédia quando está viajando, com insônia num avião, e tem vontade de trazê-la para cá. E, de repente, uma coisa que parece fantástica, inatingível, está nas suas mãos.

Foi assim que ingressei no mundo dos grandes clássicos internacionais, ao comprar os direitos de Alfred Uhry para montar aqui *Conduzindo Miss Daisy*, tendo Nathalia Timberg e Milton Gonçalves dirigidos por Bibi.

Tinha visto o filme e me apaixonado, mas a faísca foi mesmo pensar que a personagem era a cara de Eva Todor e com uma biografia muito próxima à dela. Viúva e sem filhos, Eva deixara em vida uma herança para seus empregados (incluindo o motorista).

Ela adorou a ideia, mas se disse incapaz de interpretar aquilo todas as noites. Aquilo era a sua vida escorrida, seu dia a dia, e não suportaria emocionalmente a parada. Foi quando levei a ideia para Nathalia.

Graças aos céus o ator, hoje, começa a desenvolver essa consciência: os jovens estão buscando cada vez mais esse modelo de adaptação de obras teatrais. Mas a fonte de inspiração tem que ser constante.

Muitas vezes, nosso olhar está muito limitado pela expectativa do que já existe. A verdade artística não está no que se vê, mas no que não se vê ou, indo mais longe, para o que sequer existe.

É para o que os outros não veem, talvez por estar oculto, por não ter sido ainda concebido, que o olhar tem que se abrir. O diferencial da carreira começa aí.

É nessa capacidade de enxergar no escuro que intervém, inicialmente, a peneira da história: ela sabe distinguir entre quem tem olhar e quem não tem, e não digo isso como um dom só inato, mas como algo que se desenvolve e se exercita.

Há atores e atrizes que vivem em função dos convites que recebem. Outros "produzem" os seus convites. Isso eu aprendi com as grandes damas do teatro. No começo de suas carreiras, elas não sabiam esperar pelos convites, e essa ansiedade foi a base para fazerem o seu mundo girar.

Todas realizaram seus sonhos por conta própria, e foi o que fez diferença para desenvolverem e consolidarem suas carreiras como estrelas de primeira grandeza.

O caso do *Ó abre alas*, que narrei antes, surgiu de uma pesquisa sobre os cem anos da Chiquinha, depois de um amigo me dar a dica sobre a data. Assim eu fiz a minha vida inteira, e continuo a fazer, até a recente produção com Nathalia Timberg interpretando o ícone Iris Apfel.

Eu estava em casa com meu companheiro, Cacau Higino, assistindo a um documentário da Netflix, e dali, desse simples momento de lazer cultural caseiro, surgiu todo o projeto.

Isso é serendipidade: acreditar que tudo que passa pela cabeça é material de criação. Ficar de olho nesse carrossel aleatório é a janela para pescar ideias e "ver o que não existe", alicerce de toda carreira que capta o espírito do tempo.

★ TODAS AS TELAS ★

[
TV ABERTA É CARRO-CHEFE; *STREAMING*
E CINEMA CONVERGEM; PUBLICIDADE É ÓTIMO
COMPLEMENTO; E DUBLAGEM, UMA ARTE EM SI
]

Diz a canção "Nos bailes da vida", de Milton Nascimento e Fernando Brant, que o artista "tem de ir aonde o povo está". Vivemos num mundo multiplataforma, multissuporte, multimídia, multitudo. Física ou digitalmente, o artista tem de ir aonde o povo está ligado, mesmo que seja num remoto canal de *streaming*.

O teatro, a ópera e os shows musicais ainda permanecem com os dois pés fincados no mundo material e com espaço e tempo únicos: é preciso ir ao local onde artistas se apresentam em carne e osso num horário determinado e por um tempo definido.

O cinema hoje tem um pé dentro e um pé fora do universo físico: o sistema de difusão de filmes em salas de cinema sobrevive. A televisão aberta ainda é um fortíssimo emissor de programas, assistidos em casa, em bares e restaurantes, em eventos com telão — portanto, com uma existência "fixa".

Também presente nos televisores, o cabo é um formato consagrado e o *streaming* ganha terreno a passos de gigante. Mas é no computador, nos tablets e nos celulares que as pessoas passam a maior parte de seu tempo, não só a navegar nas redes sociais, mas também assistindo a filmes, séries, futebol, shows, clipes, notícias.

Uma parte já considerável do que passa nas TVs abertas, a cabo e no *streaming* já migrou para outros suportes. Quem não viu a novela das nove ou o *Jornal Nacional*, se esperar algumas horas, poderá assistir às reprises pelo celular, na cama.

Lives permitem que longos trechos de shows em arenas e teatros estejam na tela de um celular ao vivo. Filmes dos circuitos de cinema acabam chegando ao *streaming*, isso quando não são produzidos por uma Netflix e estreiam simultaneamente nos telões. Museus podem ser visitados on-line, e peças de teatro são filmadas.

Durante a pandemia de Covid-19, as lives foram uma janela preciosa para manter a relação dos artistas com o público em produções transmitidas de casa, o que uniu a necessidade de trabalhar a um impulso de solidariedade que terá marcado época. E o *streaming* manteve as audiências lá em cima, dando fôlego à indústria.

Ainda nos anos 1990, os profetas da tecnologia previam uma "TV Interativa", que reuniria em qualquer tela, sem restrições e em tempo real, TV, computador, celular, tablets. Trinta anos depois, isso ainda não existe, por motivos comerciais e pelos legítimos interesses das emissoras em manter sua reserva de formato.

Mas, na prática, é o que vemos acontecer de forma experimental, e cada um inventa sua maneira de ver arte.

Mesmo assim, o alvo de nove entre dez pessoas que desejam trabalhar no ramo de atuação, nesta virada para a década de 2020, é a televisão aberta. E assim permanecerá por um bom tempo.

A TV aberta ainda é o carro-chefe. Se eu for quantificar com base no meu movimento de procura, demanda e contratação, diria que é da ordem de sessenta por cento. O teatro não passa de dez por cento. Continuando a soma (que vai passar de cem por cento, porque as atividades se cruzam), a TV a cabo e o *streaming* ficariam, cada um, com trinta por cento. A publicidade, incluindo eventos, palestras e aparições, na ordem dos trinta por cento. Mídias como o podcast estão ainda no terreno experimental, embora já bem presentes.

Mas, se a TV aberta ainda comanda, o *streaming*, que explodiu com a Netflix e agora vem com Amazon, Apple TV, GloboPlay, Disney, Warner, Fox, somadas aos canais do YouTube, como Porta dos Fundos e Parafernalha, é o futuro.

Cito muito o YouTube como exemplo de algo revolucionário, porque ter uma plataforma gratuita para produzir o que você quiser (e ainda ganhar dinheiro com isso se atingir o grande público) é uma dessas dádivas com que duas décadas atrás ninguém sonhava.

Para trabalhar na TV aberta, é importante saber que Globo, Record e SBT concentram a produção de novelas e minisséries, mas só a Globo mantém um cadastro aberto, ao qual o ator tem acesso e pode se fazer conhecer. A boa prática recomenda registrar-se logo e, continuando no ramo, atualizar o cadastro no mínimo de três em três anos. Em capítulos anteriores, falo sobre o material a ser preparado para esses cadastros.

Já as TVs a cabo contratam dezenas de produtores de elenco, que em geral solicitam aos agentes *self-tapes* para produções específicas, em processo de formação de elenco. O agente vai distribuir essas demandas entre os seus talentos que mais se adequarem aos papéis.

Ao receber a cena de uma série para a qual vai fazer o *self-tape*, a atriz/o ator deve procurar saber tudo sobre a história, conhecer as características do seu personagem (e ter uma ideia dos outros), estudar o tempo em que se passa a ação. Concentrar-se, assim, em construir uma adequação cênica psicologicamente coerente.

Se for possível, acho ótimo procurar uma locação que se comunique com o personagem ou com as indicações da ação. Costuma ser muito bom, e recompensador para a própria formação, arriscar-se um pouco na composição daquele tipo, entrar em sua cabeça e em seu corpo, buscar desvendá-lo, inventar seu mundo, seu ambiente.

Gosto de citar o ator Victor Lamoglia como meu campeão de *self-tape*. Ele tem domínio absoluto do que vai fazer, escolhe sempre uma boa locação, entra no personagem. Tem um nível de *call-back* e de aceitação altíssimo. Mandar uma gravação pouco cuidada ou mal trabalhada e esperar resultado é investir na frustração.

Os mercados de cinema nacional e internacional, hoje em permanente interconexão com o *streaming*, costumam olhar os cadastros das agências ou dos sites de talento. Eles vão ver as compilações de tudo o que você já fez, ou algo que você grave especialmente, mostrando um leque variado das suas habilidades.

Saindo um pouco do mundo eletrônico, voltemos a ele, o pai de todos, o teatro. Quando comecei a carreira de produtor, a coisa se reduzia à comédia e ao clássico. Hoje, é outro universo: a produção está viva e muito aberta a todas as frentes de gêneros e formatos (drama, comédia, musical, monólogo, stand-up, experimental, documental, autoral, multimídia, clássico).

E também a usos mais exóticos, como terapia teatral e o teatro corporativo. Este último vem ganhando muita força. É grande o número de empresas que buscam o teatro para o aprimoramento de seus funcionários.

O mercado fonográfico, que envolve as gravadoras, a internet, clipes e shows, é outro que conta com atores, embora seja modesto nesse setor.

A publicidade está presente e pode ser um ótimo complemento financeiro para quem já está estabelecido, mas, como já disse, deve ser vista com cuidado pelo novo ator. O ator em começo de carreira tem a tendência de fazer qualquer coisa, e muitas vezes a publicidade é uma porta de entrada fácil para quem ainda não conseguiu um papel em dramaturgia.

Isso é um perigo. Se você faz um comercial ruim só porque tem que aparecer, corre o risco de ficar nesse comercial para o resto da vida, pois, mesmo depois que a campanha sai do ar, aquilo fica registrado no YouTube e em outras mídias virtuais.

Então, mesmo que você acabe estourando na carreira, milhares de fãs, exatamente por esse motivo, ao buscar seu nome na internet, toparão com sua imagem, e aquilo será um tipo de marco inicial da sua trajetória. Assim como um filme ruim de um grande ator.

O ideal é, caso vá fazer publicidade em início de carreira, procurar campanhas de marcas que agreguem algo positivo. Se é para ser associado a algo feio, enganoso, popularesco (não confundam com popular), demagógico, é melhor segurar as pontas e aguardar um melhor momento.

Outro mercado, esse onipresente em quase todas as mídias, gêneros e estilos, é a dublagem, que é uma arte em si, de grande valor e, para muitos, o caminho a ser seguido. Os apaixonados pelo ofício, talhados para ele, buscam o domínio absoluto da técnica, constroem uma carreira sólida e vivem dela com dignidade.

Mas, se não resultar dessa dedicação e dessa paixão, a dublagem deve sempre ser vista como um extra ou, se você já se estabeleceu no mercado, como um prazer até bem pago quando se é famoso.

Laura Cardoso já fez a voz da Betty em *Os Flintstones*; Nicette Bruno dublou o garoto que era parceiro do cão Rin-Tin-Tin (e também a mãe do garoto); e Suely Franco fazia a mãe gorila de Tarzan, que, além de falar, cantava.

Hoje, principalmente nos blockbusters de animação, a dublagem tem todo um glamour, a ponto de os dubladores famosos serem vendidos praticamente como se fossem atores presentes fisicamente em cena.

Mas essa glória é para os famosos. Quem quiser viver de dublagem do início ao fim o fará por paixão, e talvez seja feliz, mas desde que consciente dos limites.

O licenciamento de moda é outra cena dinâmica, da qual muitos artistas vivem. Mas é só para quem já tem conhecimento de moda ou uma história de relação do próprio corpo com esse universo. Ou domina alguma das pontas da criação de figurinos e maquiagem.

Ou tudo isso junto! Há artistas da agência que fazem os figurinos de suas próprias montagens. Ou seja, a moda, em suas diferentes vias, se comunica muito com a arte.

Ela não pode ser confundida, porém, com a arte à qual se presta. Aprimorar-se, diversificar é uma beleza. Mas não adianta nada você chegar na minha sala toda vestida de Chanel se você não for uma grande atriz ou, pelo menos, uma atriz que pense grande. Roupa não é talento. Roupa é, e sempre será, complemento.

Atrizes excelentes já maduras no mercado se tornam grandes produtoras de moda e conciliam as coisas. Para quem tem essa tendência, por que não trocar figurinhas, e figurinos, com a moda?

Temos também um mercado voltado para o cruzamento do entretenimento com a reportagem, além de pessoas que mudaram de profissão ao se interessarem por atividades correlatas às de atuação: são atores que viram roteiristas, ou diretores, ou diretores-assistentes.

As permutas virtuais aparecem como uma opção, mas cheia de armadilhas. Consistem em trocar sua imagem pelo fornecimento gratuito de algum produto. Essas microproduções superlotam as redes sociais e são queimadoras de filme em potencial.

"Ah, tem um salão de beleza da vizinha da minha amiga, ela me dá um tratamento e em troca vou expor o tratamento e a marca." Alguns atores, infelizmente, erram na dose com postagens de massagem, de um tratamento dentário e até de comida.

Engana-se quem acha que esses pequenos espetáculos humilhantes passam despercebidos. Os usuários, anônimos, amigos, inimigos, estão sempre ligados, e você vira piada sem saber em grupos de WhatsApp.

Se for fazer uma permuta, só faça com algo que dê um retorno não só para você, mas para os outros.

★ QUE BONITO É ★

[O MUNDO, MAIS QUE NUNCA, ESTÁ
DE OLHO NO BRASIL. VOCÊ PRECISA SABER
DISSO PARA POSICIONAR SUA CARREIRA]

"É bonito, é bonito", diz a canção de Dorival. É bonito ver uma atriz que fala francês, inglês, italiano, quebrando em outras praias e areias. "Que bonito é", diz o sambinha futebolístico do *Canal 100*, de Carlinhos Niemeyer. Que bonito é ver "a rede balançar" para gente como Wagner Moura, Rodrigo Santoro, na esteira de Fernanda Montenegro, primeira atriz brasileira indicada ao Oscar, na categoria principal de atuação feminina, o Brasil cada vez mais perto da estatueta.

Ou Sônia Braga, uma referência já estabelecida no mercado externo, voltando a brilhar nas produções locais de Kleber Mendonça Filho, por sinal, em parceria com produtores europeus.

O mundo está de olho na gente, e isso inclui você, que precisa saber disso para se posicionar no contexto em que vai trabalhar sua carreira. Isso aumenta a motivação e a consciência do que significa, hoje, ser brasileiro no universo da atuação.

Em 2019, *Bacurau*, do mesmo Kleber, e *A vida invisível*, de Karim Aïnouz, emplacaram dois prêmios prestigiosos em Cannes. O mundo está atento ao cinema brasileiro contemporâneo, que vem sendo, mais uma vez, e com outra cara, reconhecido lá fora, às vezes mais do que aqui mesmo. Numa esfera diferente, claro, do que foi nosso sucesso com a turma do Cinema Novo. Mas respeitável, como toda forma de arte, e, talvez, mais heterogêneo.

Bem-feito como vem sendo, os atores e as atrizes brasileiros terão, cada vez mais, a chance de ocupar espaços no exterior. A entrada do *streaming*, da Netflix, da Amazon e de outros grandes conglomerados vem alimentando a máquina.

Mais um motivo, aliás, para bater na tecla da necessidade de aprender outros idiomas, a começar por inglês e espanhol, mas quem quiser se aventurar em francês ou coreano, não é proibido!

Se os principais executivos do *streaming* no Brasil eram estrangeiros, estes começam a ser substituídos por executivos locais em posições estratégicas, cobiçadas pelos tentáculos de provedores do mundo inteiro. Isso é bom para produtores, diretores, roteiristas, compositores, homens de imagem, atores e atrizes, preparadores: toda a cadeia.

E para os artistas que buscam seu lugar ao sol da nova galáxia global: facilita que o artista chegue às praças internacionais mesmo antes de pisar lá fisicamente.

Isso inverte um pouco a lógica de que "ir para Hollywood" é desembarcar lá com sua malinha para buscar reconhecimento em testes intermináveis e ficar sonhando com as fachadas de Beverly Hills.

Não precisa ser o Rodrigo Santoro e necessariamente atuar num filme americano. O modelo Wagner Moura sai desse eixo: séries latinas que nascem da repercussão de uma produção local (no caso, a projeção internacional de um *Tropa de elite*) para disputar espaço na nuvem do *streaming*.

Essa dinâmica de exportação inclui editores, músicos, diretores de arte, dublês, contrarregras, eletricistas, numa cadeia produtiva que tende a se propagar e a encaixar nossa cultura audiovisual numa lógica de indústria globalizada.

Intervalo

OS MESTRES

Nos meses que antecederam a criação deste livro, enviei, para trinta dos maiores nomes das artes cênicas, em todas as funções ligadas à criação e à atuação, questionários voltados especialmente para enriquecer a obra com dicas, experiências e ideias.

O leitor há de perguntar: por que trinta? A verdade é que, quando pensei nos nomes, cheguei a trinta e achei que estava bom: era um número redondo.

São atores e atrizes, cantores, bailarinos, diretores, autores, produtores, preparadores de elenco, fotógrafos, especialistas em voz, visagistas, professores etc.

Eles complementam, com seu saber teórico, técnico e prático; sua sensibilidade e sua experiência; e suas diferentes visões, às vezes opostas, às lições e reflexões deste livro.

Este capítulo, assim, pode ser lido agora (entre um ato e outro), ou depois, como um complemento à peça.

Como se, no intervalo de um espetáculo (ou depois dele), a gente se encontrasse no hall do teatro, ou nos bastidores de um estúdio de TV, loucos para tomar uma taça de espumante e trocar impressões.

De uma forma ou de outra, vamos beber das melhores fontes, num espírito de parceria e confraternização.

MASSA DE MOLDAR

CLAUDIA RAIA

Atriz, dançarina, cantora, produtora

O teatro é um gênero artesanal. Isso não tem que mudar, nem vai. É feito por muitas mãos. Por isso, é fundamental que um ator conheça todos os segmentos do teatro e procure, a partir dele, trilhar caminhos e, se possível, empreender.

Produzir teatro não é tarefa fácil. É para quem é corajoso, ousado. Quando você está do outro lado do palco, compreende o todo muito mais facilmente do que quando está ali só como ator.

Percebi isso aos dezenove anos, quando, interessada pelo universo dos musicais, olhei para os dois lados e falei: "Se ninguém vai produzir, eu vou ter que aprender a fazer isso".

Fui, e dei muita cabeçada.

Isso me proporcionou, e até hoje me garante, autonomia para não depender de ninguém e fazer o que realmente toca a fundo meu coração, artisticamente.

Porque nenhum produtor vai saber verbalizar ou colocar em prática um sonho artístico meu. Então, é melhor eu mesma produzir meu desejo, inclusive quando não for para ser como atriz. Produzo porque quero contar aquela história. Isso me dá amplitude.

Desde o início, eu precisava, visceralmente, cantar, dançar, fazer humor. Tive a sorte de aprender tudo isso muito nova. É o que eu chamo de "gênero dos três cérebros" — cantar, dançar e representar.

Já pelos anos 1980, 1990, eu era chamada para fazer tudo que tinha música, apresentação, aparições ao vivo. Eu saía cantando, dançando, fazia drama, comédia. "Ah, chama a Claudia Raia, porque ela faz tudo", virou um bordão.

Mas, sem disciplina, não estaria contando essa história. Ela é praticamente tudo. Eu devo isso à minha mãe e aos meus mestres de dança, que embutiram muito cedo na minha cabeça o que era persistência, aprender, fazer; fazer, aprender; treinar, treinar, estudar, estudar.

Não tem outro jeito de chegar a um resultado satisfatório. O bom, o ótimo, o maravilhoso só vêm depois, se vierem. Não é à toa que os franceses chamam o ensaio de *répétition*. É você repetir, repetir. E, na verdade, nunca chega ao lugar desejado.

A musculatura, a mente, o exercício de estar em cena fazendo tudo o que você sabe ao mesmo tempo (no meu caso, a tríade atuação, canto, dança), o tal gênero de três cabeças, pressupõem um treino infinito.

Em função disso, a rotina ideal para um ator é uma espécie de estado de ser: ser uma massa de modelar. Ele tem que estar pronto pra qualquer coisa. Sempre digo isso. Meus pupilos, tanta gente que eu criei no musical, que começaram comigo novinhos... Eu tento pôr na cabeça deles o seguinte: o ator não tem que correr atrás quando aparece um musical de sapateado, e aí ele vai aprender o sapateado. Não. Tem que estar pronto.

Por isso eu não paro de fazer aula nunca. Posso estar fazendo novela, uma peça falada, mesmo que eu não esteja cantando e dançando, eu estou lá fazendo aula de canto, de dança, de sapateado.

Tocar um instrumento é sempre bom. Quanto mais você agregar, melhor é. O corpo de um ator é essa massa, precisa estar preparado. Mesmo que você não vá ser bailarino, mesmo que você não vá dançar, tem que fazer dança. O seu corpo cria uma disponibilidade que qualquer outro trabalho de corpo não proporciona.

Balé, flamenco, sapateado — tudo que faça seu corpo se mexer de forma a estar disponível para receber um personagem. Isso é por toda a vida.

E aí chegamos à voz. A voz falada é dificílima. É mais difícil falar do que cantar, inclusive. Falar com a voz colocada, com saúde vocal, é duro. A voz é um instrumento de fato, não é imagem figurada.

Ela tem que ir pra cima, para os agudos, para baixo, para os graves, para o fanho, para tudo. Eu trabalho minha voz com rigor, de A a Z. Voz é um instrumento musical muscular que tem quinze milímetros, pequenininho, mas com uma força impressionante. Tem que ser trabalhado diariamente. Você vai adquirindo. Faz coisas incríveis fora de cena que, na hora, não consegue executar.

É uma luta diária. Tem dia em que você não está tão bem, tem dia em que acordou com a voz mais baixa, tem dias em que está pra menstruar e toda mucosa incha, a corda vocal também incha. É uma loucura, mas é isso.

Então eu virei essa pessoa múltipla. E sem preferência por nenhum segmento. Ao contrário das pessoas que acham bonito falar que televisão é fácil, menor, é para quem não é ator... Eu discordo completamente.

Acho televisão dificílimo. Exige uma rapidez de raciocínio, uma inteligência cênica que tem que estar aguçada, assim como o teatro tem as suas dificuldades por ser ao vivo, não ter como regravar.

Mas minha preferência não é por gênero, mídia, nada: é por bons personagens. Se você me der um personagem legal, eu saio que nem pequinês atrás. Porque realmente é isso que nos move, que nos encanta, pelo menos a mim. É que eu sou um bichinho de teatro, eu nasci dentro do teatro, e vou morrer nele...

A BAGAGEM QUE FALA

MIGUEL FALABELLA

Ator, autor, diretor

Minha formação, basicamente, foi O Tablado, com Maria Clara Machado. Eu ainda fui aluno dela. Maria Clara nos dava uma visão holística do teatro. Era uma mulher impressionante, que ensinava a amar o teatro a partir da coxia. Quando você era do Tablado, você não só atuava como ator, não só aprendia o ofício de atuar, mas aprendia a respeitar o espaço teatral.

Com ela, todos nós fomos contrarregras, cortineiros, bilheteiros e, se necessário fosse, indicadores de assento. Desempenhávamos todas as funções lá dentro. Maria Clara era uma grande mestra, uma mulher que nos imbuía de um profundo respeito pelo nosso ofício.

Eu acho que, talvez, esse tenha sido o meu grande ensinamento. É possível que a minha grande formação tenha sido com ela e, obviamente depois, com os meus estudos particulares e as minhas buscas específicas no domínio da comédia.

Quanto a método, eu acho que o de Constantin Stanislavski [*A preparação do ator*] continua sendo uma referência para mim e para todos os artistas. Trouxe uma nova luz para que se possa entender a psicologia das personagens.

Mas ele não é aplicado a tudo. Não é necessário ser psicológico quando o texto assim não pede. É, porém, uma leitura fundamental, seminal, eu diria.

E acho que ler, de um modo geral, ler todos os clássicos, não só os de teatro, mas os clássicos de prosa, os grandes romances, ajuda a dominar a palavra e dá um ritmo. Porque quando você lê um grande autor como Machado de Assis, por exemplo, está lendo e dizendo aquilo mentalmente.

Se você disser em voz alta, está exercitando o domínio da palavra, aprendendo a colocar ritmo no período e a respeitar a pontuação. Em última análise, é isso que faz com que um ator se destaque no palco: o enunciado. Quando você tem uma bagagem de leitura, é muito mais simples ser original no enunciado.

O teatro musical é o gênero mais difícil. Qualquer pessoa que pretenda fazer uma carreira nele tem que ter disciplina férrea. Você não só tem que atuar, mas cantar e dançar, se for o caso. No meu caso, eu não danço, mas eu não tenho dois pés esquerdos. Eu procuro, dentro das minhas possibilidades, desempenhar aquilo da melhor maneira possível.

Mas, para que tal aconteça, eu preciso cuidar do meu aparelho. Aliás, isso é uma norma para todo e qualquer ator: cuide do seu aparelho. Ele não é inquebrantável, mas sofre danos. Cuide dele e viva cada momento, cada idade sua com a energia que o seu aparelho, bem cuidado, vai proporcionar. Aprenda a dosar a sua energia, aprenda a dividir o seu tempo de uma forma produtiva.

Escrever, talvez, seja a tarefa mais árdua de todas. O período precisa ter um ritmo próprio, uma originalidade sua, você precisa ter um olhar para o mundo. Um olhar particular. Mas aprende-se a escrever. Um grande talento nasce com o seu dom, mas burila-se um talento mais modesto.

Para isso, você precisa ler. Precisa conhecer profundamente a sua língua, de que maneira você pode usar as palavras. Truman Capote dizia uma coisa que eu adorava: que um grande escritor tem que jogar as palavras para o alto e elas, certamente, vão cair no lugar certo, como se fossem *paganinis* semânticos [Niccolò Paganini, violinista, revolucionou a arte de tocar e compor para o instrumento].

Enfim, uma bagagem literária é fundamental, a não ser que você seja um talento bruto excepcional, extraordinário, que aparece muito raramente sobre a face da Terra. Nunca é demais conhecer, aprofundar-se, dominar a palavra.

De um modo geral, escrevo para um determinado ator. Já tenho o artista na cabeça. Ele será trocado se, por acaso, as agendas não cruzarem ou qualquer coisa do gênero. Há atores que sabem dizer o meu texto. Há atores que entendem a minha respiração. Principalmente a comédia — e eu sou um comediógrafo — vive da respiração exata no momento exato, da pontuação, do aturdimento. A comédia exige reações, silêncios e palavras muito bem colocadas. Mas gosto de conhecer gente nova também.

Eu acho que o maior problema dos atores é que eles têm medo de surpreender.

E nós sempre gostamos de ser surpreendidos.

O MISTÉRIO DA CRIAÇÃO

CAMILA AMADO
Atriz

Se queremos ser atores, artistas, não podemos excluir nada em nós mesmos. Só aceitando a imperfeição da parte que somos podemos sentir a perfeição da qual fazemos parte. Aceitamos a vida em todos os seus aspectos, em todas as circunstâncias, boas ou ruins.

Não podemos excluir os vilões ou os mocinhos das nossas vidas.

Os atores de teatro são intérpretes da imperfeição humana.

No Baixo Gávea, tempos atrás, fui jantar com Arnaldo Jabor e Grande Otelo. Jabor citou um grande pensador e perguntou a Otelo se ele o conhecia.

Numa saída brincalhona para não ter que dizer que nunca ouvira falar do tal pensador, Otelo esbugalhou os olhos e respondeu em francês:

— *En passant...*

Todos rimos, e Otelo, assim, escapou do pânico de não saber alguma coisa!

Grande Otelo precisava de mais estudo? Não! Com seu gênio, seu humor e sua extraordinária intuição, o talento de Grande Otelo é que precisa ser estudado por nós.

O que é o talento? Não sei, mas, graças a Jean-Paul Sartre, aprendi que o homem só é livre quando suporta a angústia da responsabilidade da escolha.

Aprendi com a vida que, para ser artista, você tem de ser livre e respeitar a liberdade alheia.

Foi lendo Nietzsche que venci o medo da tragédia, da dor da tragédia, o medo da perda da alegria, sem a qual ninguém sobrevive.

Nietzsche me tranquilizou, ao escrever que o grande legado da tragédia grega foi mostrar para a humanidade que, por trás de qualquer circunstância, por mais terrível que seja, a essência da vida, a vida no fundo das coisas, é, indestrutivelmente, poderosa e alegre.

A alegria aumenta a potência, diria Espinoza.

Em *O Banquete*, de Mário de Andrade, li coisas como "O Amor é a qualidade principalíssima da inteligência". Ou seja, sem amor, não passamos de bestas-feras… Mário disse também que a arte é uma doença que você só cura fazendo mais arte.

Muitas pessoas, sem acesso à escola, veem os livros como só para poucos escolhidos. Você diz "Dostoiévski", e só de ouvir o nome já pensam que é complicado, sentem-se incapazes de ler. Se pudessem ler *O Jogador*, todos entenderiam o que aquela personagem sente, pensa e erra.

Creio que a consciência seja uma energia impossível de ser dimensionada, infinita. Essa energia é pura Presença em mim, Criação, desde o início dos tempos, e se manifesta no Ar. Se perdemos o Ar, perdemos a Consciência.

Essa energia gerada pela Consciência seria o Amor, a que muitos chamam Deus. O Amor em si. Em nós. Em cada respiração, reverenciamos, em nós, essa energia. Em nós, e não no deus Moral das Religiões.

Espinoza definiu: Alma = Coisa Singular

Walmor Chagas disse que o teatro é a única arte em que o inconsciente do ator se comunica simultaneamente com o inconsciente do público. A cada noite, uma nova experiência consciente.

Os atores são intérpretes do inconsciente coletivo, e o público recebe, interage e devolve. Por isso Brecht recomendava a todo ator que lesse o jornal do dia anterior à entrada em cena, para atualizar a onda dos inconscientes.

Mas quanto o interesse em tudo isso me transformou numa atriz melhor? O que me fez crescer foi me aceitar humana e imperfeita. É com isso que o teatro lida: a imperfeição. Com o conhecimento de que todos somos animais humanos. E que o teatro, quando é para valer, é o jardim zoológico onde o público vai conhecer sua natureza animal.

Quando você vai ao teatro, vê Electra incitando o irmão a matar a mãe e grita "bravo", sente com ela sua agonia, porque todos somos animais ferozes. Como ela. Nós nem conhecemos nem aceitamos o nosso animal. Esse é o maior ensinamento que o teatro nos dá.

Para avançar, o ator, com sua personalidade (máscara social), tem de desaparecer ao terceiro sinal, ao abrir da cortina. No segundo sinal, ainda é a Camila que pode dizer à camareira: "Por favor, cadê aquele broche?". Mas, no terceiro sinal, desapareço. Eu me torno uma espectadora como o público. Observo, a milímetros de uma distância infinita do que está acontecendo, porque eu me torno pura consciência. O teatro, e toda arte, é isto: respiração, meditação e presença.

ATLETAS DA ARTE

CHARLES MÖELLER

Diretor de musicais

Na escolha dos meus atores e atrizes para um musical, eu busco uma certa disponibilidade a um certo sacerdócio que não é como no teatro falado. Porque um ator de musical, a partir do momento em que mergulha no processo comigo, vai ter que viver aquilo. E aquilo vai ter que ser a coisa mais importante na vida dele. Qualquer ação paralela ou, como costumo dizer, "ação particular", pode me roubar essa disponibilidade.

Comparo um ator de musical a um atleta de elite, que vive para aquilo 24 horas por dia. Ele tem tantas horas para dormir, tantas horas de treino, tem que cuidar do seu aparelho, tem que cuidar do seu corpo.

Gosto que os elencos se tornem uma equipe, um time. Não suporto que se tornem um "grupo", porque o grupo é nefasto. Quero que o ator de musical durante aquelas semanas de ensaios, durante aqueles meses de apresentação, viva apenas para aquilo.

É claro que, quando a peça estreia, as coisas ganham outro ritmo, eu acho que eles podem "recuperar" uma vida pessoal. Que para mim, em geral, é uma grande bobagem.

Vida pessoal é estar em cena. Acho que nada mais pessoal do que o nosso ganha-pão, que paga as nossas contas; isso é o mais pessoal e intransferível. Mas o que eu espero é que, naquele momento comigo, eles entendam que aquilo é a coisa mais importante.

Que voz e sono, que disciplina, é tudo, que o estudo em casa é o complemento do ensaio, que o ensaio é apenas quarenta por cento daquilo a que eles vão chegar.

Eles têm que estar ali, e eles têm que trabalhar sessenta por cento fora de casa, com fonoaudióloga, aula de voz, aula de corpo, estar descansados, plenos e inteiros, entregues sem dúvidas e sem rede de proteção.

Outro aspecto: interpretação e o canto no musical, para mim, são a mesma coisa. Canto é a extensão da fala. Não gosto quando a pessoa fala de um jeito e quando vai cantar vira uma firula louca, uma voz que veio diretamente do *The X Factor*, de um *reality show*, do *The Voice*. Isso para mim não é um musical, porque eu acho que a personagem tem que falar como ela canta.

É lógico que se você for fazer o *West Side story*, eu tenho uma partitura de Leonard Bernstein que tem notas quase impossíveis. Eu vou respeitar a nota.

Claro que se eu for fazer um Bob Fosse, eu tenho uma partitura corporal de dança, de canto e de vigor de cena, e eu tenho que ter as três coisas preparadas.

Como diretor de musical, o que eu faço com o meu elenco é tentar que eles sejam tão incríveis no canto quanto na interpretação e na dança.

Esse, para mim, é o grande caldeirão.

Eu criei até um método de interpretação, um sistema de interpretação e de mergulho, para que as três coisas venham sempre conectadas. Eu acho que, no musical, a canção é o que adianta a ação, é o grande monólogo, é o que conduz a história.

Se eu tenho um grande ator ou uma grande atriz que chega na canção e desafina, quebra nota, faz "atempo", perde afinação, semitona, esse grande ator ou grande atriz pode ser criticado.

Se eu tenho um grande ator disponível que tem uma voz a ser trabalhada e eu consigo colocá-lo em função… Vamos falar: "Ele é um puta ator e está cantando bem pra caralho", eu acho ótimo. "Ele é um puta ator e está cantando ok", já não sei. "É um puta ator que canta pra caralho", show.

A hora do teste é a hora em que o ator tem que ser mais esperto. Ele tem que escolher uma música, não de que goste, porque a maioria dos atores escolhe músicas de que eles gostam. Tem que ter um pianista ou um preparador de voz que fale: "Esta música é adequada para o seu repertório".

Se você vai fazer uma audição para *A noviça rebelde*, não vá aparecer cantando rock ou músicas que não têm nada a ver com isso, porque eu não vou conseguir identificar a voz de que eu preciso.

Se eu for fazer *Oklahoma!*, não vá aparecer cantando *West Side story*, são lugares diferentes, eu não vou entender. Tem que escolher uma música que mostre vertentes. "Olha, eu posso encarar um clássico, eu posso encarar um pop rock, dependendo do musical."

A atriz, o ator têm que estar em uma audição limpos, limpos de exageros, limpos de arroubos. Não venham com os vestidos dos personagens, não venham inventando marcas, não façam coisas que vão prejudicar, porque você não conhece a banca. A banca pode adorar ou pode odiar.

Seja neutro. Esteja ali diante da banca para mostrar a sua voz naquilo que ela tem de melhor. Seja inteligente, não desperdice o tempo tão precioso da banca, que muitas vezes está exausta, vendo, por mais de quatro, cinco dias, mais de duzentos candidatos.

Você vai lá, pega uma música que não tem nada a ver e faz um dueto para um monólogo. Ou pega uma música do *Rei leão* com o trio Pumba, Timão e Simba e faz os três personagens com uma só voz. É só um exercício de exibicionismo e a banca não tem saco para isso, ela está ali desesperada querendo encontrar um personagem.

Outra coisa é a respiração. É a base de tudo, sempre. Eu faço muito meus elencos respirarem. Tenho técnicas de respiração. Se você fizer uma trajetória desde o método Wim Hof, aquele holandês que se atira no gelo, ou dos mergulhadores de apneia, ou se você for para o hinduísmo, para tudo, a ioga, você vai ver que a respiração é um lugar de oxigênio dentro de você. Quando você oxigena, abre sinapses dentro do seu cérebro, faz com que você esteja em estado de presença.

Para mim, o estado de presença é a coisa mais importante da parte de interpretar. Eu só tenho que estar aqui e agora. Se estou um pouquinho no passado, estou nostálgico. Ou se estou um pouquinho no futuro, estou ansioso. Se estou respirando, estou aqui.

Porque, se você para de respirar, você sufoca. Se você respira muito rapidamente, você oxigena. Às vezes, eu gosto de tirar o gás carbônico. Gosto de descarbonizar.

Ator que não respira é um ator que está morto e não está na cena. A pausa é uma respiração. Eu acho que o diálogo é uma respiração. Quando um artista me dá uma fala, eu respiro essa fala para poder corresponder.

E tem a afinação. Afinação depende de muitas coisas: de treino, de ouvido e, principalmente, de calma. Porque às vezes você tem grandes cantores de afinação que chegam a semitonar de nervoso no palco. Para afinar, inclusive, você tem que ter o apoio do diafragma. Ter o apoio do diafragma é saber lidar com a sua afinação. Então, está tudo conectado.

E, como se fosse pouco, um ator precisa fazer aula pelo resto da vida. Ponto. Aula de voz, de corpo, de interpretação, de ioga, de natação.

Aula.

Eu acho que tem atores que não fazem. Atores que nunca fizeram e desacreditam. Acho que você tem que ter um encontro com seus professores. Ator tem que ter fono. Você, por exemplo, faz uma peça que tem oito sessões por semana, está superusando seu aparelho. Tem que saber onde está o seu aparelho, se suas cordas estão saudáveis, o que você vai negociar com ele.

É o que eu sempre falo. Dizem que tem gente que precisa, mas tem gente que não precisa. A meu ver, todos precisam. Acho que uma aula de voz e uma grande fono resolvem coisas da sua vida.

Por exemplo, uma peça como *O despertar da primavera* é rock, exige gritos mesmo. Se você não tiver a sua voz encaixada, aquecida… E o aquecer a voz é aquecer de manhã, hidratar. Sempre falo para os meus atores: um limão com meio litro de água. A primeira coisa é se hidratar. Fiquem nebulizando, hidratem e façam seu aparelho ficar quente.

Quando você sai do espetáculo, nenhum outro ritual: tem que desacelerar a sua voz. Acalmá-la. Porque você chegou a um estado de aquecimento tal que a voz precisa esfriar para você poder dormir. E tudo isso são técnicas dadas por professores de voz, por otorrinos, fonos, que são necessárias. É como um corredor que vai cuidar das próprias pernas e pulmões, ou um jogador que tem pânico de machucar o joelho.

Eu gosto de comparar essa profissão sempre com o esporte, porque trabalhamos com o nosso corpo. E o nosso corpo é a principal morada pra vencermos, às vezes, oito sessões, quinze espetáculos seguidos, sem folga. A atriz Totia Meirelles é uma corneta de Deus e nunca perdeu esse dom, sabe cuidar do aparelho dela, assim como o João Felipe Saldanha e aqueles bailarinos.

Não dá para ter tudo. Não dá para estar em um musical e ter uma vida louca. Quem está em um musical sabe que essa profissão é quase um sacerdócio. Um sacerdócio de atletas da arte.

RIR E CHORAR

CININHA DE PAULA

Diretora e atriz

Há algo que diferencia o ator humorista dos demais: ele é o autor do próprio texto. Normalmente, são atores-autores, desses que nascem no stand-up e carregam seus personagens para onde vão. É preciso diferenciar humorista de comediante. Todo humorista é comediante, mas nem todo comediante é humorista.

O humorista escreve e representa, sendo que uma face não existe sem a outra. O tal do "material" de que falam os atores de stand-up vai nascendo tanto na escrita quanto no palco, e um alimenta o outro na sua rotina. Não há um assunto, mas todos, e o protagonista, de certa forma, é o próprio cotidiano. Mas ele pode abrir mão da atuação, escrevendo humor para atores.

Já o comediante é aquele que se especializa em interpretar as comédias do humorista ou de um autor de comédia, mas não escreve.

Ainda há mais duas figuras importantes nessa dinâmica: o ator cômico, que vive de maneirismos, do físico, da máscara, numa linguagem popular, que tira graça do aspecto físico, de trejeitos, como pôr a língua para fora. De alguma maneira, ele também pode ser humorista, pois algumas das composições de suas personas são de própria autoria.

E há também o clown, o palhaço em seu sentido mais abrangente, que atua numa dimensão dual, complexa, do riso e do choro.

Vamos tomar como exemplo a *Escolinha do Professor Raimundo*, que eu dirigi por tanto tempo. O Chico Anysio, sem dúvida, é o humorista, que escreve, atua, faz tudo.

Cláudia Jimenez (Cacilda), Brandão Filho (Sandoval), Walter D'Ávila (Baltazar da Rocha) são comediantes: aqueles que têm a capacidade de dizer o texto de uma forma engraçada.

Os atores cômicos seriam Rony Cócegas (Galeão Cumbica), Costinha (Mazarito), que faziam do corpo, dos cabelos, das caretas, das gags visuais, o objeto do riso e de seu esplendor. Já Lug de Paula (Seu Boneco) era comediante mas permeava o ator cômico: explorava a palavra e o corpo.

Na categoria de clown, tínhamos o monumental Lúcio Mauro (Aldemar Vigário), cuja persona e interpretação transcendiam o cômico: era o clown. O palhaço em sua esfera mais profunda, não só a da fantasia circense, mas a do drama da condição humana.

O clown é a essência molieriana da comédia: Molière, o mestre francês, dizia que a comédia vive da mazela do ser humano e do seu tempo. Não é à toa que algumas crianças têm medo de palhaço... Ele diz muito sobre o outro lado do riso.

No universo do riso, não existe uma técnica definitiva, mas aquilo a que chamamos de timing. A comédia é feita da musicalidade da palavra! Temos que ter um metrônomo na cabeça para a piada funcionar. Afinal, fazer chorar é muito mais fácil que fazer rir.

O riso não lida só com as emoções, mas com uma esfera mais seletiva e sofisticada de compreensão das linguagens e da rotina da cultura humana. Um tempo errado, e ninguém ri. Já mobilizar emoção para o drama, pelo menos num sentido mais básico, não necessita de muito, mas, principalmente, da situação que provoca o pranto. Tudo é possível nessa aventura, e o exercício é o que nos leva ao conhecimento.

No Brasil, em especial, como os atores lidam com um mercado irregular, é necessário sempre estar "em treinamento" para quando algo acontecer, seja no teatro, no cinema, seja na TV. É assim que, muitas vezes, o ator, mesmo sem estudo específico, se descobre comediante: no meio de um trabalho que nada tem a ver com comédia, num caco, numa leitura casual, numa oficina.

A persona do ator é isso: moldável pela arte.

DANÇAR É ATUAR

ANA BOTAFOGO
Bailarina

A dança pode ser, e é, um grande aliado da interpretação. Ajuda a aquecer o corpo do ator ou da atriz em qualquer espetáculo, mesmo os que não têm música nem coreografia.

Pois é por meio da dança que, em cena, o ator formará e produzirá, com maior facilidade, uma expressão corporal natural e convincente.

Fui treinada para interpretar sem palavras. Quero dizer: não bastava que meu corpo se movimentasse e transmitisse formas e emoções abstratas: ele teria que aprender a interpretar e contar uma história sem o auxílio verbal.

Para o bailarino, como para o mímico, o corpo é seu instrumento de trabalho. Todo cuidado com ele é pouco.

Devemos fortalecer e alongar a musculatura em trabalhos diários e específicos para cada modalidade de dança. Exercícios preparatórios para um dia de trabalho árduo são bem-vindos para prevenir qualquer lesão ou mesmo o estresse dessa musculatura.

A fisioterapia é companheira de todas as horas, seja como prevenção, seja para recuperar-se de lesões.

Atrizes/atores se beneficiam dos mesmos exercícios, mas o fortalecimento e o alongamento podem ser menos intensos quando não envolvem dança como objetivo final. O mínimo é de duas vezes por semana.

Os bailarinos profissionais, claro, têm que ensaiar/treinar seis dias por semana e descansar só um. Já para quem quer usar a dança para atuação, fica a critério.

Mas quem atua deve ter em mente que o funcionamento e a movimentação do corpo são fundamentais para uma interpretação por inteiro.

Um ator que não sabe se mover está limitado. A dança ensina a se mover sem limites.

Quando se é criança e iniciam-se os estudos do balé, existe a chance de se profissionalizar após anos de dedicação. Mas todos os estilos, incluindo o próprio balé, podem ser feitos em qualquer idade, para o lazer e para a saúde física e emocional de quem pratica.

A dança é como uma grande amiga: é bom saber que ela pode estar presente quando precisamos, em qualquer momento da nossa vida, para o que der e vier.

ESPELHO MEU

FABIANA KARLA

Atriz

Perguntam-me muito se é problema ser uma atriz fora dos padrões, e eu respondo: fora de quais padrões? Dos que as pessoas impõem?

Porque, para mim, eu estou dentro dos padrões. Quando me olho no espelho, gosto do que vejo, me sinto confiante. Este é o meu padrão.

Para mim, estar fora do padrão é estar fora do contexto. Eu não me sinto fora do contexto, me sinto muito inserida. Do meu jeito.

Acredito que tem espaço para todo mundo. Não estou fora. Eu tenho uma digital. Sou de uma forma, outras pessoas são de outra.

Hoje, na verdade, nem sei quem faz o padrão, porque acho que está caindo por terra essa história de que o padrão, o estreito, o dito normal, seria "o" tipo. Não acho que isso caiba pra mim. Logo, a resposta à pergunta lá em cima é: para mim, não é um problema.

Isso não significa que estilo seja desimportante. Estilo é fundamental, porque diz qual é a sua identidade. Eu sou uma pessoa bem eclética. Acho que eu tenho meu estilo, gosto de me arrumar de acordo com meu humor e a ocasião.

Como eu tenho muitos personagens, várias possibilidades diárias, gosto de me divertir e brincar com a moda. É claro que, em cada um, um estilo fala mais alto. Acho que, no final das contas, gosto do moderno, mas sou clássica.

O estilo mostra como você se vê e como gosta de ser visto. Cada época me traz um estilo, cada fase da minha vida me aponta um caminho. Como eu sou um ser em transformação, estou sempre buscando o novo, sem esquecer o tradicional.

Conhecer o corpo é o ponto fundamental. Amar-se, respeitar-se, observar limites e ousar transpô-los quando faz sentido. Mas, para isso, há de se ter coragem. Há de se amar de verdade, não só da boca para fora.

Há coisas que eu olho no espelho e não me agradam, me incomodam. Não estou a fim de usar porque não me favorece, não acho que fique harmônico. Eu primeiro me agrado, para depois agradar ao outro.

Se eu não estiver me agradando, não vou conseguir passar o que eu quero.

As pessoas perguntam também se o sobrepeso limita a atuação, no sentido físico, mesmo. No meu caso, não. Só me contratam com um *physique* adequado à trama.

Eu já fiz comédia, drama e agora sou apresentadora. Meu corpo nunca foi uma barreira.

Até porque eu sou uma pessoa muito ativa.

Danço, trabalho, tenho um fôlego muito grande, estou sempre a postos. Diferentemente do que as pessoas gostam de rotular, achando que o gordo não é chamado, não se enquadra.

Isso não existe! O convite, quando é feito, é endereçado a mim. Então, se eu não tenho o *physique*, eu não sou convidada para esse trabalho, simples assim.

Tenho a sorte de ter uma carreira sólida, de ser respeitada no meio, a ponto de criarem papéis para mim, construírem oportunidades. Mas eu me sinto uma privilegiada. Posso dizer que, quando a gente é criança, a gente quer ser igual a todo mundo. Mas, quando a gente cresce, vira adulto, a gente quer ser ímpar.

O fato de eu ser essa pessoa, com essa personalidade, com essa autoestima, me colocou em um lugar ímpar… Isso só abriu portas, porque tenho uma identidade muito particular, mas que interessa às pessoas.

Essa personalidade permitiu, inclusive, que eu fosse uma referência para algumas mulheres na moda, e sou muito democrática nesse sentido. Eu não gosto de demonizar nenhum tipo de peça de roupa. Não sou do tipo que acha que gordinha não pode usar listras, branco. Tudo é a forma que cai no seu corpo, é como favorece, até porque temos várias formas, tamanhos.

Temos costas estreitas com busto grande, com quadril mais largo, cintura mais fina, ou então sem cintura, mais quadradinha. E temos, no outro extremo, as mulheres muito magras. No caso da mulher *plus size*, eu acho que há de se conhecer melhor e ver o tecido, a costura, o corte, o caimento, a cor que vão abraçar seu corpo como ele é.

Recentemente, me preocupei tanto porque estava indo fazer um programa diário, ao vivo, que achei que merecia fazer um estudo de cores.

Foi muito importante. Descobri que as cores da primavera são melhores para mim. Isso é um estudo que eu fiz, porque me preocupei em estar com a cor certa, para harmonizar, estar bem para o público. Eu me preocupo muito com isso. Toda uma situação, em que a gente tem que conhecer nosso tom de pele, nosso astral, nosso todo.

Não sou escrava da moda. Eu me divirto com ela. Quem disse que não posso usar jeans? O papo é outro: é perguntar que jeans me serve e me cai melhor. Eu tento buscar um corte bem-feito, alfaiataria. Ainda gosto de costureira.

Cada um é como é. Coloca um sapato legal, um chinelão branco, com calça de linho branca, uma camisa clara, coloca acessórios, e está tudo bem. Eu gosto de lenço. Ficaria aqui horas falando de um monte de coisas. Eu me divirto com meu closet. Gosto de sapatos, de bolsas, de acessórios. Se você não tiver nada, coloque uma roupa básica e dê voz aos acessórios.

Não adianta estar elegante e não estar confortável. Um sapato lindo que estraga a festa e me obriga a voltar para casa com dores não está nos meus planos, sou zero essa pessoa. Prefiro estar com um sapato mais baixo e amar a festa.

Sou muito garimpeira, pesquiso. Isso faz parte da minha vida. Quero achar coisas que me deem prazer de usar e me deixem com o visual que eu quero.

Quando não acho nas lojas convencionais, porque a moda ainda está engatinhando no nosso país, vou atrás da boa e antiga costureira, mas que me entende. Acho que você tem que se conhecer bem e se divertir com a moda, porque isso também faz parte da criação.

A GRANDE LUTA

ZEZÉ MOTTA
Cantora e atriz

Desde que eu comecei, há mais de cinquenta anos, o mercado para o ator negro sem dúvida melhorou. Sou do tempo em que, se eu estivesse participando de alguma produção, não tinha lugar para Neusa Borges, porque somos contemporâneas. Se Chica Xavier estivesse numa produção, não tinha lugar para Ruth de Souza, porque eram da mesma geração.

Hoje em dia, a gente já vê seis, oito, dez atores negros em cena. Eu estou sempre atenta a isso. Os papéis já são mais diversificados.

Porém, ainda temos muita luta pela frente. No cadastro brasileiro de atores negros, que nós do movimento fizemos, o Cidan (Centro de Informação e Documentação do Artista Negro), temos registrados mais de quinhentos atrizes e atores, dos principais estados brasileiros.

Quando a gente liga a televisão, quando a gente vai ao cinema e ao teatro, não vemos uma presença massiva de negros. A não ser quando o assunto é escravidão.

Portanto, repito, ainda temos muita luta.

Enquanto isso, é importante que o ator negro esteja ligado ao movimento negro, porque a união faz a força. E a questão do racismo no Brasil não pode ser só do negro, mas de todos os brasileiros que não são racistas.

Não basta ser antirracista, tem que lutar contra. Eu sempre digo que, mesmo se eu não fosse negra, eu faria parte do movimento.

Infelizmente, o preconceito ainda é muito grande. O negro só não incomoda quando não compete com o branco, isso em qualquer segmento, não precisa ser na atuação. Fica num lugar que a saudosa Lélia Gonzalez, antropóloga e professora, definiu como "lugar de negro", título do livro em que comenta que o establishment naturalizou a noção de que o negro tem que estar em posições inferiores, exercendo funções inferiores, vivendo de maneira precária, de cabeça baixa.

O racista de fato é alguém que considera integrar um grupo humano superior. Sabemos que isso não existe, somos todos filhos de um mesmo Deus, sujeitos a todo tipo de doença, de humilhação. A todo tipo de fraqueza, a todos os riscos. Estamos sujeitos.

Ou seja, não pode ser uma repórter de sucesso, como Glória Maria, Maju. Uma atriz ou um ator com espaço, como Lázaro Ramos, Taís Araújo, Zezé Motta.

Eu, no caso, tenho muito mais espaço como cantora do que como atriz. Acho que ainda cometem algumas injustiças comigo. Mas eu resisto e não posso reclamar da vida. Graças a Deus, estou sempre trabalhando.

Recebo cartas, não só de atores negros, mas de brancos também. E de gente que não quer seguir essa carreira, mas é humilde e pretende chegar lá: fazer uma faculdade, ser alguém, ter um salário digno, uma vida digna. Com perseverança, a gente chega.

OUVIR O COLETIVO

★

THALITA REBOUÇAS
Escritora e roteirista

Às vezes escrevo pensando nos atores, às vezes não. Depende. Por exemplo, não consegui imaginar outra pessoa que não a Maisa e a Fernanda Gentil para fazerem os seus respectivos papéis na adaptação do meu livro *Ela disse, ele disse* para o cinema. Eu não tinha pensado na Maisa, mas, quando comecei a escrever, ela veio à minha mente e isso foi sendo transferido para o texto. Em seguida, mandei mensagem para ela fazendo o convite.

Um exemplo bem diferente envolveu um projeto para a Netflix, meu primeiro filme inédito e não baseado em um livro. Nasceu com o ator Eduardo Moscovis em uma conversa de WhatsApp, quando falávamos de outro assunto. Veio toda uma história na minha cabeça a partir dele. A partir da imagem, da voz dele, de tudo, a partir dessa conversa. Foi a primeira vez que isso aconteceu, uma ótima surpresa.

Outras vezes, prefiro não pensar em nenhum ator ou atriz e fico curtindo as audições, conhecendo os artistas, assistindo aos *self-tapes*. Amo essa parte de poder dar chance a quem ainda não teve. Ou trabalhar com um ator que não conhecia e escrever para ele, e depois desenvolver, no processo de leitura, a obra.

Conhecer talento é uma coisa que me fascina.

E não se trata só de escrever para eles, mas de dialogar, aproveitar suas ideias para as minhas personagens. Acho que, como eu tenho livro publicado, não sou aquela autora com muitos pudores em relação ao texto. Se mexeram no que escrevi, e ficou bom, eu até prefiro.

Se ficar melhor que o meu, melhor ainda.

Melhor para todo mundo, para o filme.

A criação é uma ação coletiva.

Mas há atores que piram e improvisam tanto que vira um caco irreconhecível. Aí eu torço o nariz. É importante conseguir captar isso ainda na fase de testes.

O que não se pode abrir mão é de que haja uma adequação. Já vi testes maravilhosos, meninas ótimas, mas… quando a personagem já está escolhida, a diretora prefere outra não tão parecida, coisas como "não dá para ter as duas morenas inimigas no filme".

Depois dessa adequação, é a vez do talento.

É preciso também observar o que a personalidade do ator produz no set. Se dá piti, não é pontual… esse tipo de atitude ultrapassa os bastidores e chega até a gente. "Essa atriz é ótima, mas…".

Em consenso, produtores, roteiristas e diretores sempre optam por talentos que não dão "trabalho" no set.

DIÁLOGO SAUDÁVEL

PATRÍCIA KOGUT
Crítica de TV

Não há crítico de teatro, TV ou cinema que não se pergunte quão difícil é para o criador/a criadora ou o ator/a atriz lidar com o que dizemos.

Eu já vi de tudo.

Tem gente que recebe bem, tem gente que finge que não leu e tem gente que um dia conversa conosco e diz que realmente aquilo ajudou a acertar algum caminho, o que é muito revigorante.

Eu acho que tudo depende, também, de como você faz a crítica. Se você não é agressivo, se você não debocha, se você entende que aquilo deve ser feito com muita responsabilidade, para não humilhar.

Por isso, criticar é tão difícil.

No meu caso, tento entender que esse trabalho representa um diálogo com a televisão, que é meu tema. E, nesse diálogo, eu gosto de ser ouvida.

Gosto quando vejo que o que eu escrevo tem um reflexo no que a gente assiste. As pessoas consertam uma coisa ou outra. Algo muda por causa da crítica. Isso é a definição de um diálogo saudável.

Ao criticar, lidamos com a entrega do artista, em especial na televisão. Por exemplo, a televisão pode fazer mal a quem atua quando você vê que o artista começa a posar para a câmera, esse ser onipresente.

Quando isso não acontece, quando o artista talentoso está entregue à sua personagem, está preocupado com a qualidade da interpretação e não em ficar bonito na tela, a admiração se faz.

A ERA DO CONTEÚDO

LUIZ NORONHA
Produtor de TV

O mercado de produção independente para os atores está quente. Existem novos *players* (no *streaming*, na produção) entrando no Brasil com necessidade de conteúdo e orientação para buscar diversidade de tipos na composição de elencos.

Por isso, é possível dizer que o conteúdo é o futuro na arte do roteiro, da dramaturgia audiovisual e da representação.

É o futuro porque tecnologia vira, cada vez mais, uma commodity, acessível a todos. O que vai diferenciar um do outro serão a curadoria e a qualidade do conteúdo produzido.

Nesse processo, não basta que nós tenhamos bons autores e roteiristas de metiê.

A participação do ator no desenvolvimento do projeto é não só bem-vinda, mas desejada. E será tão mais valiosa quanto maior for o conhecimento do ator em dramaturgia e *storytelling*.

Não precisa necessariamente ser um técnico de roteiro, mas é muito importante ter lido, ter cultura literária e entendimento de cena, ser estudioso.

É só observar e constatar que há muitos atores virando autores. Essa amplitude de carreira está, com certeza, relacionada a essa mudança no cenário tecnológico. Isso é ótimo, porque toda mente criativa com formação intelectual sólida participa do processo.

O INTÉRPRETE IDEAL

MARCELO SABACK
Autor de teatro e TV

Quando tenho uma ideia, evito pensar em alguém específico. Aos poucos, a personagem vai buscando o seu intérprete ideal. Depois do roteiro pronto, aí, sim, penso em quem poderia ser a dona ou o dono do papel.

Claro que há projetos que já nascem direcionados para determinados atores (como é o caso das franquias, por exemplo). Nessa situação, a personagem "se molda" — de certa forma — ao ator que vai vivê-la.

Mas, independentemente da personagem, a capacidade do ator de se entregar à história é fundamental. Um bom ator questiona, busca caminhos novos, nuances… Quando se trata de uma obra aberta, então, o ator ajuda, e muito, o roteirista — e todos os demais que trabalham na criação — a descobrir novas possibilidades na trama.

A hora de procurar um ator é sempre decisiva: onde estará? O primeiro lugar que me ocorre buscar é o teatro.

Para mim, o teatro é o grande celeiro de artistas para qualquer área! Mas nem sempre isso é possível, claro. E, tampouco, o teatro é a única referência. Muitas coisas pesam nessa decisão.

Sim, saber ouvir os atores é fundamental no ato da criação. É preciso — e sempre enriquecedor — pensar em conjunto. Um roteirista não pode ter medo de mexer no texto em busca de melhoras. Mesmo quando se trata de estrutura. É natural, por exemplo, que os atores busquem encaixar seus diálogos numa embocadura mais confortável para eles ou para seus personagens. Durante esse processo, novas falas e/ou ideias surgirão, e isso é muito enriquecedor. Porém, cabe ao roteirista refletir sobre tudo e decidir um melhor resultado final. Saber negociar isso da melhor forma faz parte do jogo da invenção.

OS MUSICAIS

MARCELA ALTBERG
Produtora de elenco

Você quer ter seu material realmente considerado para uma audição de musical? Então, vamos começar pelo princípio: a apresentação. Tenha boas fotos, apresente um currículo claro que revele seu background com relação às habilidades de canto, interpretação e dança.

Quais aulas teve, de que estilos, com que professores e por quanto tempo.

Liste seus trabalhos importantes. Se já tem trabalhos profissionais, não precisa botar todas as peças acadêmicas que fez. A menos que elas tenham muita relevância. Mas, se você ainda não tem um histórico profissional, ponha, sim, as referências acadêmicas.

Encher linguiça não é bom. Ser verdadeiro é muito importante. Por exemplo, se você fez dois meses de balé clássico, isso não precisa entrar no currículo. Quem fez dois meses de aula não dança balé, não é mesmo?

É essencial enviar um link de canto dentro do universo do musical para o qual está pleiteando uma vaga. Não adianta estar tentando uma vaga em um musical nacional e enviar um link fazendo uma canção de *O fantasma da ópera*, por exemplo. Esteja atento ao que está sendo pedido.

Já para ser aprovado, que é o que todo mundo quer, isso depende de uma junção de fatores, como você já sabe. Mas, se o candidato estiver com o material que foi pedido bem estudado, músicas e cenas decoradas, sabendo cantar a partitura, aí é relaxar, dar o seu melhor e tentar se divertir na audição, pois ele está fazendo a sua parte bem-feita. A matemática final não depende de você.

Quem curte e quer se desenvolver em musicais deve pôr na mente que o próprio ator é seu material de trabalho. O treino antes do jogo é vital. Não adianta correr para fazer uma aula de canto na época das audições. Estudar constantemente, estar preparado para o momento em que for chamado, investir em si, é o caminho.

Quando estamos fazendo um musical, o trabalho vocal é sempre o ponto mais importante. Porém, dependendo do perfil do espetáculo, às vezes não é necessário que os bailarinos cantem. Ou que os cantores dancem.

Depende do perfil de cada espetáculo. No mundo ideal, os atores/cantores devem conseguir dançar, não como bailarinos, mas para poderem acompanhar uma coreografia simples; e os bailarinos devem ser afinados e poder cantar linhas de coro.

O QUE POSTAR

KEFERA

Youtuber e atriz

Não sei, realmente, se as redes sociais têm esse potencial todo de fazer alguém se tornar atriz sem que exista estudo antes. Eu faço teatro desde os quinze anos e nunca fiquei parada em relação a isso. Sempre estudei, li muito, fiz cursos (particulares e em turma), então acho que se alguém iniciar uma carreira de ator ou atriz sem estudar, contando com o números de seguidores, pode ser que funcione no que se refere ao público, mas a pessoa deve se dedicar uma hora ou outra para se expandir dentro da própria arte ou na profissão.

Acho que as redes sociais são uma boa vitrine, mas precisa ter certo preparo. É preciso, por isso mesmo, ficar de olho no que a gente publica. Postar os trabalhos, obviamente, é importante, mas também algo dos bastidores, como curiosidade. O descanso de um set, para poder trocar uma ideia com o público.

Contar o que acontece por trás das câmeras é algo muito legal e gratificante para quem está assistindo. Dar acesso à magia que envolve tudo o que acontece antes de as pessoas verem o resultado final tem sua utilidade. Até eu, inserida nesse meio, adoro ver cenas e bastidores de produções que admiro.

A internet veio pra dar voz e liberdade de expressão para quem quiser se inserir nesse meio digital, e isso também depende muito de cada perfil. Se é aberto ao público, se fala da vida pessoal, se posta muito, se só posta sobre trabalhos...

Mas é preciso ter cuidado com o que dizemos para não machucar os outros. Criticar só por criticar não faz sentido. E isso deve ser observado não só por um ator, mas por todos os que circulam nas redes. O que podemos pensar é em como tornar as redes sociais um ambiente mais agradável e menos tóxico. Para todos.

Tenho um pouco de ressalva quanto a conteúdos que só ficam mostrando uma vida perfeita. Vida perfeita não existe, e as pessoas precisam cada vez mais saber disso para não compararem as próprias vidas com o que veem nas redes e se frustrarem. A própria vida impõe seus limites, inclusive em relação ao uso das redes sociais. Eu ainda continuo muito ativa no Instagram e publicando muito conteúdo por lá, mas há um momento em que preciso de um tempo.

A vida real acontece no off-line. Celular em set de filmagem é uma coisa que eu evito. Atrapalha, distrai, tanto a mim como a quem está trabalhando comigo.

Por isso, é legal postar bastidores, mas não exagerar. No set gosto de me manter inteira à disposição da filmagem, sem espaço pra me distrair.

CUIDAR DA VOZ

ROSE GONÇALVES

Fonoaudióloga e preparadora vocal

Sem voz, não há ator, nem personagem, nem apresentação. É muito difícil ver a tristeza de um ator quando lhe falta a voz. Seria como um pianista com as pontas dos dedos feridas, impedido de tocar.

Por isso, o ator deve ter uma série de cuidados básicos que afetam sua rotina, mas são vitais.

O primeiro deles é evitar ao máximo os resfriados e, se for alérgico, procurar um especialista. No dia a dia, usar a voz sem exageros e não gritar desnecessariamente são um grande avanço. A hidratação é peça-chave: beber muita água, sempre. Fazer a última refeição duas horas antes de se deitar.

Não fumar é um esforço estratégico, assim como beber com moderação, evitando que seja todos os dias, dando preferência às ocasiões sociais.

E ter um roteiro de exercícios de voz com observações específicas. Os exercícios de voz são todos muito parecidos, mas devem ser executados com atenções diferenciadas e individuais.

É importante, se for possível, ter um profissional especialista (fonoaudiólogo, preparador vocal) de confiança para estudar as cenas com posturas ideais, o tom do personagem, volumes diferenciados, ritmos, projeção de voz, articulação e clareza, melhor forma de dizer o texto, fluxo e pontuações expressivas, entendimento e significado das palavras do texto.

Um trabalho preventivo permite também que o ator se sinta confortável com possibilidades vocais variadas e, assim, diminua muito o risco de machucar a voz.

O ator que de fato se preocupa com a voz e quer preservá-la vai ter que fazer aula de voz a vida inteira. Se quiser dar continuidade à carreira, precisará preservar sua saúde vocal e ter a cada trabalho uma evolução na arte de representar ou no jogo cênico. Ou, se quiser, poderá descobrir atitudes corporais e vocais novas, um dos grandes prazeres de um bom ator.

Exercitar a voz todos os dias é necessário se o ator quiser ter resistência vocal, flexibilidade e segurança. É exatamente como um atleta que precisa de exercícios físicos com objetivos certos, orientados por um profissional da área e personalizados.

Porque, em ambos os casos, nos referimos a um trabalho muscular que precisa de tempo para o efeito desejado, e a sua manutenção tem que ser diária. Fazer exercícios de voz dá ao ator um conhecimento da sua própria potencialidade.

O que o ator ganha com isso, de forma mais prática? Ele aprende a conhecer e melhorar o tom da sua voz; perceber o volume utilizado e suas variações; entender e alterar o ritmo; ter fluxo contínuo nas frases, respeitando a pontuação expressiva; melhorar a articulação e a clareza; dar maior significado às palavras de um texto, ganhando simplicidade, naturalidade, mas saboreando, vivenciando e distribuindo essas palavras; ganhar projeção de voz fazendo o menor esforço vocal; ganhar concentração e o aumento dos sentidos e das percepções enquanto fala; melhorar a conexão corpo, gestos, fisionomia e fala; melhorar a prontidão, trazendo o texto para o aqui e agora; harmonizar o corpo, a fala e o espaço; conseguir perceber e discriminar o que a sua voz causa ao outro; entender a si mesmo e se doar.

Só isso...

FOTO SEM TRETA

RODRIGO LOPES
Fotógrafo

Ao longo de minha carreira, sempre busquei o que seria a definição de uma boa foto, tanto do ponto de vista do fotógrafo quanto do fotografado, pois o retrato é realizado pelos dois.

A boa foto é aquela em que conseguimos registrar a personagem (no caso, entendido como o próprio objeto da obra fotográfica) em sua intensidade, carisma e, se possível, essência.

A boa foto acontece com entrega.

Para tanto, o fotografado deve estar relaxado e disposto a se entregar à foto. Sem se julgar!

Olhar com confiança para a câmera é vital. Estar vestido de forma confortável, e sentir-se confortável de forma geral, é a senha.

Para muitos, ser fotografado equivale a um duro enfrentamento. Sentir medo, estar receoso, torna a batalha mais difícil.

Isso se resolve lembrando que esse enfrentamento, por mais dolorido que seja, pode ser remediado. Ou seja: não ficou bom? Descarte! A fotografia permite escolha.

Mas tem que ter bom material para ser escolhido!

Sempre procuro conversar, entender um pouco minha personagem e buscar meios de contornar bloqueios eventuais. Ensino pequenos truques, dicas para conseguir sempre expressões frescas e verdadeiras.

A expressão corporal é peça fundamental. O corpo fala, e a câmera precisa deste elemento para entender o todo da personalidade.

Na minha experiência, personagens com boa expressão corporal rendem fotos mais bem-sucedidas.

Mas a expressão mais insondável é a que vem dos olhos. Neles está aquilo que se quer dizer ou o que não se deseja revelar.

O fotógrafo precisa ter sensibilidade para ler esse olhar e fazer o melhor com ele.

Nessa química, creio que todo mundo pode ser fotogênico. O rosto é um objeto tridimensional. Com a luz correta, tudo brilha.

O SUCESSO MIRIM

ISABELA GARCIA

Atriz

Sempre me perguntam sobre o perigo de fazer sucesso na infância. É uma questão que preocupa, mesmo. Afinal, uma criança não estaria preparada para lidar com os ganhos e as perdas que sempre acompanham o sucesso.

Mas penso que o sucesso pode ser "perigoso" em qualquer idade ou profissão.

No caso de crianças que trabalhem no meio artístico, acredito que a vida que elas levam fora do set — a família, escola — somada, no trabalho, a uma equipe preparada para trazer a estrutura necessária, pode ser o ponto de apoio para que consigam focar no ofício, na arte, no profissional, valorizando, assim, o trabalho, a equipe, o processo. E não o sucesso.

A NOSSA NOVELA

★

MAURO ALENCAR

Doutor em teledramaturgia (USP)

A possibilidade de encarnar várias vidas em uma única existência: essa é a grande mágica da atuação. O vivenciar de múltiplos sentimentos, em diferentes lugares; de contribuir para a compreensão da complexa e multifacetada condição humana.

Acredito mesmo que, dentro da profunda, delicada e intensa carreira de ator, consigamos, por meio de inúmeras personagens a que este profissional entrega seu corpo como suporte humano, amenizar as mazelas naturais do cotidiano.

Transformar a dor em prazer estético, como bem dizia o meu colega e grande poeta Ferreira Gullar.

Mas, para que a mágica se faça, o talento, nato e bem lapidado, é fundamental. Na sequência, a vocação, que faz ultrapassar as barreiras, as provações para a conquista do objetivo.

E, claro, o carisma que irá imantar o ator. Carisma que é um presente dos deuses do Olimpo. Mas desde que venha alicerçado por talento e vocação.

É um desafio titânico transferir essa qualidade desejada para o âmbito da teledramaturgia no mundo contemporâneo. Possivelmente, está aí o segredo de o mundo inteiro amar a telenovela brasileira.

A base maior para essa resposta advém dos altíssimos investimentos no gênero por parte da TV Globo desde o início da década de 1970. Aliados a isso, e tão importantes quanto, encontramos textos variados, que retratam o cotidiano de nosso país sem abandonar as características oriundas da telenovela, como o folhetim e o melodrama.

Há, ainda, uma particular preocupação com o valor social agregado às tramas. Assim como os autores de diversos estilos e escolas, encontramos atores e profissionais da direção, da produção, da composição musical e das artes gráficas de diversas procedências artísticas.

Natural que, dentro desse processo artístico "antropofágico" (em analogia ao movimento dos modernistas Oswald de Andrade e Tarsila do Amaral), a telenovela brasileira tenha alcançado papel de destaque no mundo como o principal produto da indústria cultural daqui — não raro influenciando outras produções e inaugurando um canal a cabo especializado na teleficção brasileira, o sul-coreano TeleNovela Channel.

Ou seja, é um produto de entretenimento em constante desenvolvimento artístico e social que consegue abarcar a imensa gama do comportamento humano sob os mais variados aspectos socioculturais.

Pois tudo passa por essa diversificada produção audiovisual, que pauta e legitima o nosso cotidiano, retrabalhando e renovando linguagens radiofônicas, teatrais, cinematográficas, literárias, de histórias em quadrinhos, de cordéis e até mesmo esportivas.

Pelé já participou de nossas novelas!

Enfim, a telenovela brasileira está na argamassa da identidade nacional e exporta o melhor do Brasil em história social da arte.

Em país continental, que traz em sua mais remota origem o multiculturalismo semeado pelo Padre José de Anchieta e a inegável revolução dos palcos nacionais com a chegada da família real portuguesa, o ator também se beneficiou desse caldeirão cultural.

Ou seja, neste país tão diversificado em etnias, costumes e lendas, o ator nacional, desde o pioneiro João Caetano, também pode apresentar a seu público um leque interpretativo de ampla criatividade, mesclando técnicas apreendidas do solo brasileiro com aquelas advindas de outros continentes.

Certamente, traz uma interpretação do Brasil que também encanta plateias do mundo inteiro e contribui de maneira decisiva para colocar a telenovela brasileira em lugar de destaque no cenário artístico mundial.

QUEM PODE CANTAR?

★

JULES VANDYSTADT
Músico, diretor e preparador de voz

Perguntam-me muito se qualquer pessoa pode cantar. Sim e não. A música é uma arte absolutamente complexa e subjetiva, que depende de um conjunto vasto de aptidões para ser criada por uma pessoa, principalmente quando o instrumento musical em questão é a voz. Cada pessoa tem habilidades específicas dentro da música, algumas mais desenvolvidas, outras menos. Há pessoas que são muito melhores de melodia, de percepção tonal e harmônica. Outras nem tanto, mas se saem bem no ritmo, no andamento. Eu costumo dizer que muito antes de ser um bom cantor a pessoa precisa ser um bom ouvinte. E a voz, assim como as impressões digitais, é única para cada pessoa — timbre, ressonância etc. são atributos físicos que estão na fisiologia de cada um. Ou seja, é um caldeirão de variantes quando se fala do canto, mas vamos tentar destrinchar alguns deles.

Então, qualquer pessoa pode cantar? Sim. Qualquer pessoa pode cantar bem? Depende muito. Estou considerando como "cantar bem" a habilidade de sustentar a afinação correta, respeitar as cadências rítmicas e ter um bom fraseado musical. Muitas pessoas vão aprender rápido e outras vão ter muita dificuldade para atingir níveis básicos de canto. O canto é uma aptidão que está muito relacionada com a musicalidade de cada um (ou a ausência dela).

Aulas de canto podem mudar a voz da pessoa? Aulas de canto e de voz podem mudar a fisiologia da voz de qualquer pessoa. Se a pessoa se presta a fazer exercícios regulares, acompanhados de um profissional, a fisiologia da voz certamente vai mudar. O tônus das pregas vocais, a extensão entre agudos e graves, a descoberta de novos espaços. Porém o canto está mais no ouvido do que na voz, então essas aulas de canto precisam vir conjugadas com aulas de percepção musical.

Dando um exemplo claro: uma pessoa que nunca cantou, não tem noção do que é, vai fazer uma aula de canto. Se essa pessoa estiver nas mãos de um profissional sério, ela vai se deparar com os famosos vocalises. Se a percepção musical dessa pessoa for ruim, ela vai enfrentar o primeiro obstáculo, pois não conseguirá ouvir e reproduzir as notas das escalas. E aí o problema estará no ouvido, e não na voz. Aulas de canto podem ser diferentes de aulas de percepção musical, embora a primeira aborde questões da segunda.

O cantor iniciante precisa começar com os exercícios de percepção musical antes, ou pelo menos em conjunto. Achar o centro tonal da escala, afinar as notas, reproduzir os sons, entender os intervalos, para que isso impulsione a qualidade do seu canto. Algumas pessoas trazem essa musicalidade do berço, é nato. De outras vidas talvez. Outras são analfabetas musicais, pois música é antes de tudo uma linguagem. Com bastante afinco e bastante treino, um treino que abranja todas as áreas do que é ser um cantor, seja na parte de percepção, seja na parte física do canto, dá para melhorar.

Meu conselho é: em primeiro lugar, ouça os grandes cantores e cantoras, ouça diferentes estilos musicais, não se prenda somente àquilo de que você gosta. Não mate seu ouvido de fome, ofereça um banquete sonoro variado para que ele possa se desenvolver. Em segundo lugar, faça aulas de percepção musical em conjunto com as de canto. Treine, se esforce, tenha disciplina. O canto coral é uma excelente, senão a melhor, escola para formação de cantores (foi a minha). Poucas pessoas vão se tornar cantores incríveis ou se destacar no meio profissional. Mas muitas podem fazer do canto um hobby delicioso e realmente se aprimorar. Todo ser humano é um pouco artista, a arte é a mais antiga forma de expressão que existe. Os bebês cantam antes mesmo de começarem a falar.

Uma vez esclarecido esse ponto, e considerando que você superou essa barreira, vamos ao próximo tema: os cuidados com a voz. Na verdade, eles são muito simples. São cuidados fisiológicos gerais com relação à saúde do seu corpo, e alguns cuidados específicos para a sua voz. Quer dizer, se você cuida bem do corpo como um todo — hidrata-se, toma bastante água, exercita-se regularmente, dorme bem, cuida da alimentação, da imunidade —, a sua saúde vocal será apenas uma consequência do seu estado físico.

Passando para os cuidados específicos: se você é uma pessoa que usa a voz profissionalmente, trate-a como qualquer instrumento de trabalho, ou seja, com cuidado. Evite gritar, falar por longos períodos de tempo. Quando o fizer, busque um tempo de descanso vocal. Conheça sua voz, seus limites. É importante aprender exercícios de aquecimento e desaquecimento vocal. Isso você aprende com professores de canto. Antes de usar a voz cantada, não tem jeito: aquecer antes, desaquecer. Prepará-la para o que vem e, depois, relaxá-la.

Sempre tenha o acompanhamento de um fonoaudiólogo, que não é um profissional da música, e sim da saúde. Esse profissional vai cuidar do seu aparelho fonador e dizer quais são os seus limites. Fazer exames de imagem, avaliar e descobrir se existe algum problema, ou alguma consequência do mau uso da voz.

Todas as pessoas precisam exercitar a voz diariamente? O exercício diário está muito relacionado com o seu objetivo enquanto cantor, enquanto artista. Pense nisso como um exercício físico — quanto mais disciplina, mais condicionamento. Você tem que se preparar para um trabalho específico, para uma ópera ou para um personagem numa peça de teatro musical? Precisa ganhar agudos ou graves para atingir a nota X ou Y? Ganhar extensão ou corpo na sua voz, agilidade nos seus fraseados, um timbre específico, vibratos ou drives, enfim? Nesse cenário, é legal exercitar a voz todos os dias para manter seu condicionamento vocal.

Para concluir, meu conselho é: seja gentil com sua voz. Não seja a pessoa louca dos vocalises só porque precisa ter um lá sustenido de peito ou sustentar uma nota grave com 28 compassos na próxima peça... Somos criaturas diferentes com atributos físicos diferentes. Saibamos nos reconhecer, nos respeitar, e assim poderemos nos desenvolver. Seja aberto a novidades, novos estilos, novas sonoridades. O artista é uma criatura em constante transformação. Seja um apreciador da bela música. Somos feito crianças: sempre seguiremos os exemplos aos quais somos expostos.

E nunca se esqueça, a arte é pra ser prazerosa, para elevar o espírito. Estude, pratique, tenha disciplina, mas jamais deixe de se divertir com seu canto. Mantenha-o sempre como uma fonte de alegria, de prazer. A música é um dos mais poderosos remédios pra alma.

TAPETES VERMELHOS

IAFA BRITZ
Produtora de cinema

Hoje, quando falamos de filmes que vão para a sala de cinema, quase tudo o que a gente, no Brasil, produz, é independente. Claro que há filmes produzidos direto pelas empresas de teledifusão, mas são em muito menor volume.

Se estamos falando de filmes que vão direto para o *streaming*, o financiamento praticamente é dessas empresas, mas a produção será feita junto com uma produtora independente.

Então, tudo que é feito com recursos próprios ou com recursos de fundos de financiamento, ou mesmo coproduções com canais, é produção independente.

Tanto a sala de cinema quanto o *streaming* têm uma capacidade enorme de trazer para o público, em obras relativamente curtas e em tempo rápido, novos talentos. Outra coisa é a possibilidade de esses talentos, atores, experimentarem e fazerem, também em um curto período de tempo, personagens variados, diferentes, de vários gêneros.

Falo da possibilidade de experimentar gêneros para os quais, por exemplo, em uma novela, eles não seriam escalados ou não teriam espaço de testes ou riscos. Uma atriz/um ator que faz muito romance em uma novela ou série pode aparecer fazendo uma grande comédia. Ou um filme de terror. A produção independente é uma canal maravilhoso para esse tipo de projeção.

Dá uma sensação, pelo que venho observando nesses vinte anos, de que o cinema traz um retorno diferente do público. O público já fala com o ator no nosso tapete vermelho. O tapete vermelho continua sendo o lugar de maior desejo para uma estrela, para a mídia, bem como para os fãs. Aquele momento de apresentar seu filme para a imprensa, para os amigos, para mundo. Isso não acaba. Entra janela, sai janela, entra formato, sai formato. A força do tapete vermelho é impressionante.

O que une todo esse movimento é o conteúdo. Ele é passado, presente e futuro. O que a gente tem para oferecer, para desenvolver, para vender, são histórias de todas as formas — desde um *reality* até uma ficção.

É conteúdo. Essa é a nossa matéria-prima. O que eu acho que tem acontecido nos últimos tempos é um entendimento de que isso é *a* matéria-prima.

Está todo mundo, desde sempre, procurando aquela boa história. Quem conseguir gerar seus próprios conteúdos, apresentar conteúdos fortes, potentes, originais que se comuniquem, vai estar com a faca e o queijo na mão.

É o que a gente está procurando: gerar esse conteúdo, mas, ao mesmo tempo, continuar sendo minimamente proprietário dele. Acho que esse é o nosso desafio hoje diante do mercado. Como desenvolver, produzir e manter essa propriedade intelectual.

Nesse processo, o ator pode se ver participando da criação, do desenvolvimento da escrita, com a possibilidade de trazer a própria embocadura. Quando ele é dono de um personagem, é impossível fazer sem ele. Mas também quando é um projeto inicial eu acho superbacana ter o ator como parte do processo.

O desafio nesses projetos é a escuta. O ator ou a atriz ter a escuta, por exemplo, dos roteiristas. Ou da direção. E da produção, que está apostando nele, no final das contas.

É aquele equilíbrio do participar de um processo: a parceria. Quando já se tem uma coisa desenvolvida, um primeiro tratamento, e aí entra o ator em cima dos diálogos ou mexendo em situações, trazendo a personalidade e a interpretação, nossa, é sensacional.

E tem aqueles fenômenos que nascem com a capacidade de atuar e escrever. Aí é uma mina de ouro.

O ator que escreve nem sempre é aquele que escreve para si próprio — normalmente, não é. Mas, quando ele consegue escrever para seus próprios personagens, é uma dádiva. Vira o projeto realmente autoral tanto do ponto de vista da criação quanto da interpretação.

Claro que não é para qualquer um. É muito específico você conseguir escrever e atuar bem. Você estar nas duas pontas bem o tempo todo. Woody Allen é um clássico disso e é diretor também. Seinfeld, em seu sitcom, trouxe uma marca, um roteiro próprio. Nomes recentes: Gregório Duvivier, que também escreve seu próprio programa, tem atuação. Paulo Gustavo, que cria os roteiros desde a primeira peça. Essas pessoas saem muito na frente, na minha opinião. Eu não sei se é bom ou ruim. Simplesmente são pessoas com múltiplos talentos. Algumas delas brilhantes. Não quer dizer que um ator que não escreve não seja brilhante. Na verdade, cada um tem sua trajetória.

A CASA DO ATOR

MARIA MAYA

Diretora

O teatro é a base de toda educação criativa. Dele fluem todas as artes. O ator "inventa" e, no seu "faz de conta", necessita de música, dança, artes plásticas, entre outras habilidades manuais ou visuais. É nessa convergência que conseguimos enxergar a sua força.

Não é à toa que o teatro sempre foi considerado a casa do ator. Pois é ali que ele se sente confortável para retratar o mundo à sua volta e onde ele pode expressar seus sentimentos sem ser criticado ou julgado e ao mesmo tempo provocar reflexões, prestando um serviço à sociedade.

É no teatro que o ator pode encarar o desafio de um personagem fora do lugar-comum. E a possibilidade de sair da zona de conforto é extremamente satisfatória para quem o interpreta. E também para quem o conduz.

É no teatro que ele conviverá com experiências como o trabalho de mesa (a leitura conjunta), que, durante o processo de construção de um espetáculo, potencializa o fluxo criativo.

É imprescindível dispor de um tempo em que a dramaturgia possa ser depurada em todas as suas entrelinhas e possibilidades. O resultado vai muito além do bom rendimento no palco: é a garantia de uma total absorção da obra trabalhada.

Nesse processo é que ele conhece métodos e técnicas de base. Como sou bacharelada em Artes Cênicas pela Unirio, fui apresentada a diversas técnicas teatrais ao longo da minha formação. Todas elas de alguma forma corroboram a encenação.

Mas é na relação ator-diretor que esse arsenal amadurece. É onde a confiança, o afeto e uma dose de psicologismo fundamentam a liberação da criatividade em sua potência máxima.

Por isso, é de extrema importância que o ator esteja disponível para se reinventar a cada trabalho. E, para que isso aconteça, são necessários disciplina e estudo. Não existe talento que se sustente sem isso. E também não existe desculpa para que isso não aconteça.

Se você não pode fazer uma faculdade, vá ao teatro, leia livros, observe as pessoas na rua, comece a educar o seu olhar de uma forma diferenciada e se preencha ao máximo de inspirações e referências.

NOVELA *vs* CINEMA

★

CIBELE SANTA CRUZ
Produtora de elenco

As diferenças entre a arte de interpretar para TV e para cinema existem e são maiores quando falamos da TV aberta, especialmente do gênero da telenovela brasileira, pois, com a chegada dos *streamings*, essa configuração tem tido algumas mudanças, e seus estilos se aproximaram por meio das séries.

A telenovela brasileira é uma migração das radionovelas (as da Rádio Nacional marcaram a história das artes), que tiveram seu ápice entre as décadas de 1950 e 1960, perdendo espaço até a década de 1970, quando a telenovela se tornou o maior meio de comunicação de massa. Por terem a herança das radionovelas, os textos das telenovelas trazem muito da oralidade presente nessas obras, permitindo que o telespectador possa acompanhar a história mesmo enquanto está fazendo alguma ação em paralelo.

Já o cinema, para mim, é a arte na qual o silêncio tem som. Em que o som e a imagem estão interligados.

Acredito que as construções das personagens para um filme e para uma novela são distintas, pois, no filme, você precisa preencher o silêncio de forma contundente e, na maioria das vezes, sem a utilização da palavra.

Na novela, a palavra será a maior ferramenta, e caberá ao ator encontrar os silêncios necessários. Mas não acho que podemos restringir a atuação cinematográfica apenas ao nicho de uma interpretação contida, pois isso será determinado pela proposta artística da obra. Há as que pedem uma linha de interpretação completamente oposta a esse nicho e nem por isso deixam de ser uma interpretação para o cinema.

Seja qual for o estilo ou o gênero cinematográfico em que se venha a atuar, é vital que se realize com verdade. Para isso, será necessário se debruçar sobre o roteiro, estudá-lo, buscar referências, experimentar caminhos, preencher a alma da sua personagem e permitir que ela exista de forma singular.

O mais importante, portanto, não é se preparar para um ou para outro segmento, mas para atuar de maneira geral. E o ofício da atuação, por mais que assim desejem alguns, não é possível sem estudo, dedicação, atenção, escuta e generosidade.

Se um ator quer ser mais atuante na carreira cinematográfica, é importante assistir a filmes de estilos diversos, buscar entender sobre as lentes e, com isso, saber o que entregar em cada enquadramento.

E, principalmente, saber que é a arte da espera. Quando for chamado para fazer um teste para um filme, pesquisar sobre o diretor, entender como ele desenvolve a sua obra, e começar, suavemente, a fazer parte dela.

EM BUSCA DO TEMPO

LÍGIA CORTEZ

Atriz e educadora

As pessoas ainda discutem, mas não tem jeito: a formação é fundamental. Ela promove a experiência verdadeira, viva, corpórea, do trabalho de interpretação. Fornece subsídios variados para que um ator tenha as ferramentas mais fáceis para cada tipo de personalidade e de atitude. Traz uma base cultural e teórica, educacional, que é fundamental hoje.

Temos que saber de onde viemos, nossas raízes, quem eram os grandes atores, quem são ainda, qual é a linha, o jeito, a história do teatro como um todo.

Mas não só isso. Um bom ensino dá acesso à literatura, às humanidades, que são um poderoso arsenal de repertório. A literatura apresenta um leque de personagens que podem ser recolhidos para uma obra original ou uma adaptação. Só a cultura permite que se traga para a carreira algo que esteja além do que já se viu, algo que supere um trabalho superficial ou vazio.

O ator trabalha com pessoas. Uma formação favorece o encontro, a coletividade, a criação de grupos. Antigamente, as pessoas tinham uma enorme educação informal, quando existia algo chamado tempo. Tinham tempo para ensaiar, ficavam longamente debruçadas sobre os projetos. Os mais jovens aprendiam com os mais experientes.

Hoje, em geral, ninguém, nem os nossos mestres, desfruta mais desse tempo. Temos compromissos paralelos, outras peças, gravações, filmagens. A vida ficou dinâmica, e aquela imersão, aquela reflexão, só conseguimos raramente. A educação informal, que ocorria ao longo dos processos, não tem mais condição de ocorrer na vida prática contemporânea.

Para tentar assegurar a criação de uma bagagem cultural, de formação técnica, de um trabalho do ator sobre si mesmo, como Stanislavski dizia, só mesmo a escola. Quanto mais séria, mais regularizada, mais professores da área estiverem lá, mais o ator vai ter a liberdade de se experimentar, de aprender, de evoluir, por exemplo, de uma voz fraca para uma voz potente (inclusive metaforicamente).

Hoje a pessoa já tem que trabalhar logo, então vai com voz fraca mesmo. Se perder a voz porque não tem técnica, dança. Se não souber de que período é o dramaturgo que está interpretando, dança. Não vai saber qual é o ponto de partida.

O ator é um produtor de conhecimento intelectual e expressão intelectual.

O trabalho do ator é muito mais sofisticado do que simplesmente chegar e atuar. Por isso todos devem, precisam e têm o direto de estar numa escola, experimentando, errando, batendo a cabeça até conseguir.

Porque o trabalho do ator é expositivo, e no início, dentro da escola, ele está protegido para que seu caminho de aprendizado de construção do desconhecido esteja seguro.

E o teatro é o principal ambiente onde tudo isso pode se desenvolver. É no teatro que a gente tem a possibilidade de fazer um ensaio aprofundado, levar nossos estudos de casa para o palco, ter a compreensão do texto, da época, experimentar nossas intuições. Por isso ele é o grande campo de experimentações e aprendizado do ator.

Ensaio não tem certo nem errado, é um lugar de experimentação. E, depois, o palco.

No palco, cada dia é um. Cada dia a gente se revê e refaz tudo. O espetáculo cresce. Se o ator cristaliza e não está crescendo, é um motivo enorme para ele rapidamente se rever e retrabalhar.

Tem aquela ideia de que o teatro é do ator. Mas é verdade. O tempo é rítmico. O pensamento está em comunhão com o diretor, com os outros atores. Na hora de dar a vida àquele papel, essa nova vida respira diante de um público que também respira.

O ator tem sempre o domínio do tempo, do pensamento, da subjetividade e daquilo que ele quer passar, mesmo que esteja altamente sincronizado. Em qualquer veículo de expressão. É a vida do ator que está no aqui e no agora.

A arte da cena presente é viva. E a cena pode ser na televisão, no cinema, na internet, no teatro. A cena é o ator no momento presente, pulsante.

Nosso ofício é pensar, desejar em cena e fora dela. Como diretora de uma faculdade, de uma escola de atuação de quarenta anos, desejo que o caminho do aluno seja o mais rico e variado possível e que ele aprenda o máximo sobre interpretação.

Ninguém vai aprender tudo. Para o jovem pode existir a fantasia de totalidade, que um dia saberemos tudo. E o bonito é que estamos sempre descobrindo. Um ator com noventa anos ainda está aprendendo, porque nunca fez aquele papel, nunca encarou, de repente, aquele dramaturgo desconhecido, um autor novo, ou um trabalho de experimento, de risco. Poucos ofícios são assim.

E a gente muda a cada momento. Pode fazer a mesma peça um ano antes, cinco anos depois você já é outra pessoa, porque coisas aconteceram e você também se aperfeiçoou com a vida. Essa é uma das grandes belezas da atuação.

O nosso material é muito delicado, sensível e etéreo, ao lidar com emoção, pensamento, diálogo, inter-relação e conceito. É a escola que dá base para aguentar o futuro. Porque eventualmente a gente aguenta — e vai precisar aguentar — momentos difíceis.

No campo da escola, já se vai adquirindo a vivência de frustrações, e não só as vivências, mas também o pensamento sobre elas. Quando a gente está vivendo, vivendo, vivendo, a gente não pensa. A escola nos obriga a viver e pensar. E o pensamento é a argamassa da arte.

Resumindo, o bom ator é aquele que tem uma bagagem cultural, técnica, de conhecimento de si mesmo, de sua voz, de seu corpo como instrumento, de sua emoção. Sabe trabalhar e, mesmo quando não sabe trabalhar, sabe como procurar.

Ter um pensamento crítico sobre a realidade. Saber extrair de um ser humano suas facetas. Porque, quando a gente assiste a alguma coisa e fala "Meu Deus, eu entendi, me vi, me reconheci", ou ri muito de uma situação que existe, que é humana, social, isso ocorre porque quem atua tem uma bagagem crítica sobre nosso tempo, o cotidiano, a conjuntura, os problemas de cada um no seu momento e lugar.

A responsabilidade do ator é enorme. A responsabilidade perante a sociedade e perante o seu trabalho. Ele precisa ser ele mesmo, com todas as dificuldades, fraquezas e bonitezas. Saber se inspirar, pegar ideias, porque, se não se conectar consigo mesmo, não vai funcionar. O ator precisa ter autonomia e autenticidade.

Outro ponto para refletir é o narcisismo. Quando a pessoa é de uma vaidade tremenda que não sai de si mesma, tem que estar toda hora preocupada com a autoimagem. A coisa do estar atuando para si mesmo, se vendo, se assistindo, isso não é ator, é outra coisa, e o espectador percebe.

Ator quando está pleno se joga, e até perde um pouco, naquele momento, a dimensão pessoal, para se envolver com uma sensibilidade de antena parabólica, em uma outra situação, realidade, em outro mundo, numa escuta da plateia absurda, numa escuta da equipe que está no estúdio, no set, refinada, percebendo cada movimento.

Um estado delicioso de plenitude e integridade, em que a gente percebe até se o câmera respirou junto com você… ou a última pessoa sentada na plateia… um voo acima do tempo e do espaço. Atuar é criar um estado de liberdade e expressão da vida, dando sentido maior à nossa existência humana.

POTÊNCIA DO CORPO

FERNANDA CHAMMA

Produtora, diretora artística e coreógrafa

Para um artista, é de total importância o reconhecimento corporal. Este deve perdurar para a vida.

Conhecer seu corpo, possibilidades e limites fazem parte do dia a dia do cantor, do ator, do músico, do bailarino.

Hoje temos condições de estudo técnico e prático de como e quando usar o corpo de maneira saudável.

Na minha época de formação em dança, era uma loucura! Muitos se machucaram e carregam até hoje problemas ortopédicos, musculares e ósseos. Não nos preparávamos! Não tínhamos limites!!!

Tive sorte e, por problemas de má-formação de coluna, fui "obrigada" a entender minhas limitações nos anos 1980, entre *cambrès* e o *jazz dance* frenético de Lennie Dale. Foi talvez a melhor fase da minha vida, mas suei a camisa para ultrapassar barreiras e entender os porquês das minhas dores e noites sem dormir… Faria tudo outra vez (risos).

Hoje levo no corpo a memória da falta de preparo que vivi como bailarina, mas sei conviver bem com minhas limitações e conquistas. Me sinto, aos 55 anos, realizada e grata por tudo que vivi e conquistei por meio da dança.

Sempre procurei bons orientadores corporais e indico esse caminho a todo jovem talento que procura uma longa carreira nos palcos.

A saúde do corpo é primordial para o profissional ter reconhecimento em sua área.

Aprendi que mente e corpo caminham juntos e criam artistas.

Hoje sugiro: escolha o estilo de dança que mais lhe der prazer e divirta-se!

Se não for divertido, não vale...

Tenha acima de tudo consciência e bom acompanhamento técnico.

Faça seu corpo suar, contar histórias, agregar experiências, amigos, desafios.

A ordem é movimentar e ser feliz!

NA PELE DA ESTRELA

VAVÁ TORRES
Caracterizador e visagista

O cuidado mais importante que uma atriz ou um ator deve ter com a pele sempre que estiver exposto aos raios solares é usar um protetor de acordo com o seu tipo de pele e, sempre que for repousar em um horário noturno, remover toda a maquiagem e hidratar o rosto com um bom creme.

Cumprida essa etapa, vamos à maquiagem. Claro que saber se maquiar é bom e ajuda até a julgar o trabalho dos outros e a criar muita coisa no espelho.

Mas, no mundo de hoje, tão corrido, com tantas coisas acontecendo e a demanda absurda, solicitar um profissional, sempre que for possível, e ainda mais para um trabalho importante, ou um teste decisivo, ainda é a solução mais segura.

É preciso pensar também no fato de que, com a captação de imagem em HD, com a TV e o cinema tendendo a se equipar no mundo digital, quanto mais leve for o make-up, melhor o resultado.

Claro que, no teatro, com a interação física e sem mediação de câmeras, é preciso valorizar mais os contrastes e as ênfases.

Existe, contudo, uma coisa que nunca vai mudar: toda maquiagem começa pela base, e uma boa base facilita, em tudo, o complemento da obra.

VER-SE NA TV

VANESSA VEIGA
Produtora de elenco

Para um ator que deseja se candidatar a papéis na TV, é essencial ter boas fotos, com maquiagem leve (apenas para amenizar um olhar cansado e dar uma "alegria" no rosto), cabelo natural (mas arrumado!) e figurino básico (um jeans que vista bem e uma camiseta básica, lisa, mais "ajustada", resolvem).

É importante também ter um currículo resumido, apontando formação, cursos relevantes e os principais trabalhos realizados. Caso o ator tenha links de monólogos ou trabalhos feitos recentemente (comerciais, participações, curtas...), esses materiais ilustram bem.

Para quem quer chegar na televisão, acho interessante buscar aulas de intepretação específicas para o veículo, na intenção de se exercitar e familiarizar-se com a câmera, que sempre estará presente. Essa prática também ajudará a criar uma aproximação com sua imagem gravada. Quando o ator se vê, torna-se capaz de observar-se e detectar vícios de expressão, podendo, assim, corrigi-los. Que fique claro que a correção precisa ser generosa, gentil. O objetivo é que seja um aprendizado prazeroso, não uma depreciação da própria imagem.

A colocação da voz também deve ser um ponto de atenção para quem vem do teatro. No palco, o corpo precisa ser percebido na última fileira e o texto, reverberar por todo o espaço. Na TV, com os microfones, a projeção é outra. Os gestos, para a tela, também são menores, semelhantes à vida.

Um intérprete precisa ter a capacidade de manter os olhos do espectador interessados. O artista que compreende o significado do que está dizendo, que saboreia o seu texto e tem boa dicção, tem o domínio da cena, envolve o público que o assiste.

O ator que sabe o que pode oferecer estará seguro para manter a atenção do outro. Só o autoconhecimento gera essa segurança. Se sei quem sou, sou capaz de apresentar o melhor de mim.

O estudo do papel é essencial para a condução da trama, em qualquer veículo. A personagem precisa "existir" para que o público seja cativado. No caso de obras abertas (novelas, por exemplo), há uma sinopse que guiará a composição, mas o autor tem a trama em suas mãos e a guiará de acordo com a sua aceitação.

Para séries, temos começo, meio e fim, como no teatro; portanto, há uma margem de segurança em relação à personalidade a ser composta. Cada ator precisa descobrir seu próprio método de criação. Há quem use fotos, recortes de revista, perfumes, músicas, pequenos objetos e frases como inspiração... A construção da personagem é um trabalho único e muito particular.

Saber com quem ela contracena, como se relaciona, o que sente por seus pares de cena, ajuda a encaminhar a composição desse indivíduo fictício. Há de se ter um mapa mínimo para saber o caminho a ser percorrido.

Independentemente do veículo, a arte do ator sempre estará no jogo cênico, na habilidade de nos conduzir, encantar e emocionar.

NOVAS LENTES

LARISSA BRACHER
Life coach, preparadora de elenco e atriz

O coach, em termos gerais, representa a figura do treinador, preparador ou técnico, dotado de conhecimento específico capaz de instruir outras pessoas a desenvolverem suas capacidades.

Life coaching é o termo que se dá ao processo de desenvolvimento pessoal em que esse preparador, munido de ferramentas objetivas, ajuda seu *coachee* (o cliente do coach) a sair de seu "lugar atual" para seu "lugar desejado" ou de excelência (inclusive o termo "coach", do inglês, é, etimologicamente, oriundo de "carruagem", ou o condutor dela). Resumidamente, é um processo de treinamento de vida, de novos comportamentos e olhares.

Na prática, o processo pode durar de cinco a dez sessões, e cada uma delas serve para aprofundamento de valores; compreensão clara e efetiva de metas pessoais; plano de ação em curto, médio e longo prazos; realinhamento de propósito de vida; organização funcional de tempo e prioridades; análise e quebra de crenças limitantes (dogmas internos e subjetivos adotados como se fossem leis universais, que acabam por sabotar o *coachee*), além de adoção de novos comportamentos emocionais.

Diferentemente da preparação de elenco — que faço especificamente para a descoberta de personagens com atores em processo de ensaio ou trabalho —, o *life coaching* pode ser oferecido a qualquer indivíduo que esteja num momento de busca por transformações pessoais que exijam mudança nas suas atitudes e crenças ou simplesmente alguma tomada de decisão.

Os atores me procuram quando há esse desejo de mudança em suas vidas, um sentimento de "virada" na carreira, quando se sentem pouco aproveitados onde estão ou quando têm a certeza de que há muito mais a oferecer mas não sabem como sair do lugar.

Nós, atores, somos o próprio resultado do nosso ofício. É nosso rosto, nossa voz, são nossos sentimentos mais íntimos, nossas expressões, nosso corpo. Estamos constantemente sendo convocados a viver com verdade situações dadas e imaginadas. Atuar é expor sentimentos verdadeiros. Somos sempre nós, com tudo de bom e ruim que há nisso.

Essa exposição ou a disponibilidade para vivenciar outros personagens nos leva, por vezes, a estados de fragilidade, insegurança e autoflagelo. O ator está constantemente na mira do olhar do outro. Isso pode ter efeitos de júbilo, mas também de muita dor.

A matéria-prima do ator é o sentimento humano. Esse mergulho pode fortalecer, mas também confundir e por vezes debilitar. O *life coaching* ajuda o ator a se "atualizar" sobre si mesmo, a redefinir novos contornos, a se ampliar, e possibilita a ele ter uma nova sinopse sobre si próprio.

A partir do processo, ele pode ganhar em autoestima, autoexcelência, alinhamento de propósitos, melhores respostas adaptativas, ampliação dos talentos e, principalmente, automobilização pela coragem.

Na minha própria vida tudo mudou depois do *life coaching*: minha ótica sobre a autorresponsabilidade (por nossos sentimentos e ações) e sobre a consciência de que tudo depende de como você interpreta um fato, e não o fato em si. O método me presenteou com uma lente nova sobre a vida, com a clara compreensão de que o mundo tal qual eu o enxergo é baseado nas minhas experiências sensoriais e também no meu universo de crenças.

Na maior parte dos casos, as crenças com as quais percebemos o mundo são como lentes, tão transparentes e aderidas que nem vemos mais que elas não são nossos olhos. O *life coaching* atua potencializando o indivíduo e ajudando-o a romper seus limites.

DE OLHO NA MODA

KAREN BRUSTOLIN
Figurinista e produtora de moda

É de grande valia que o ator acompanhe a moda. Esta é um reflexo de uma determinada sociedade numa determinada época e, assim, se configura num instrumento essencial para que o ator possa compor uma personagem.

A moda é um dos vetores essenciais para que ele possa entender o contexto político e sociológico da personagem que ele, o ator pretende construir.

Além desse aspecto, a relação do artista com a moda é uma via de mão dupla. Tanto a moda pode projetar o ator quanto o ator pode projetar a moda.

O cinema e a TV sempre foram grandes ferramentas para a disseminação da moda. Por meio de seus personagens, quem atua muitas vezes lança e dita a moda que se vê nas ruas.

Atualmente, as mídias digitais têm grande força nesse papel. Hoje o ator se despe da personagem e apresenta a própria persona, mas essa projeção só se sustenta a longo prazo e engaja o público quando o ator transmite sua essência.

Nesse âmbito, o que importa não é uma marca ou uma grife, mas sentir-se bem dentro de uma roupa de qualidade.

A marca só se torna fundamental a partir do momento em que ela representa algo que se deseja comunicar ou que esteja alinhada com seu estilo, quando se lê "estilo" como tradução de personalidade.

O estilo é uma forma de expressá-la, o que requer muito autoconhecimento. Saber o que se é e o que se deseja comunicar é o alicerce.

O ator só não deve desrespeitar sua essência para seguir padrões impostos. No mais, tudo é possível dentro da moda. Não tem certo ou errado. A moda também é uma tradução da liberdade de expressão.

QUANDO MENOS NÃO É MAIS

CRIS D'AMATO
Diretora de cinema

Atuar em cinema é extremamente diferente de tudo. Para o set, é bom que o ator traga tudo. E aí o diretor é que lapida esse material bruto.

Mas ou é bom ator ou não é. Não tem muito jeito.

Dizem que no cinema o ator é moldado pelo diretor. E é. Mas isso não significa que ele deva podar ou poupar sua interpretação.

Ao contrário: dê tudo, e deixe o diretor lapidar. Não traga menos, traga mais. A função do diretor, falo por mim, é esculpir esse material bruto. Esse que é o barato da história. Se a pessoa traz pouco, tem que ficar pedindo. É melhor a gente tirar do que colocar.

Já o método vai de acordo com a personagem e a personalidade. Porque no cinema, ao contrário do teatro, você tem muito *physique du rôle*. O teatro absorve isso muito bem. O cinema, não.

Eu não tenho um método pra isso. Eu tenho a escolha dos atores, das atrizes, que eu acho que têm o tipo, quando há a química entre os outros atores e a direção. O meu método é o do bom ator. O bom ator que se encaixe naquele perfil, naquele momento.

Eu costumo dizer que não faço teste com os atores. Todos são talentosos. Eu faço uma amostragem do trabalho para ver se se encaixa no perfil da personagem que eu preciso naquele momento.

Que ele, ou ela, tenha disponibilidade, entrega, confiança, e aquele impulso de se reinventar, que torna o profissional da atuação tão admirável.

A invenção no processo é o grande pulo do cinema. Ensaios sempre são bons, mas não decisivos: mais importante é o entendimento, a leitura de mesa.

Não é o mesmo que o ensaio do teatro. É um ensaio de texto, a gente conta com os olhos, sem ter tanto o corporal. Para mim, é muito difícil o ator que sabe fazer bem cinema, porque nos olhos, na expressão pequena, ele tem que mostrar toda a personagem.

LIVRE-ARBÍTRIO

MARCELLO BOSSCHAR
Preparador de elenco

A liberdade reside no poder de escolha. Esse poder só existe quando há opções. Quem só conhece um caminho não escolhe senão segui-lo.

Logo, não tem liberdade.

Comecei essa investigação ainda enquanto ator, há mais de trinta anos. Nessas décadas tive o privilégio de trabalhar com Antunes Filho, Regina Miranda, Antônio Abujamra e Gerald Thomas, entre outros mestres. Cada um deles tem uma escola, uma preferência, um estilo, e terminei apreendendo o melhor de cada um.

Estudei Strasberg com a maior especialista do método, Lola Cohen, que foi assistente dele durante seus últimos anos de vida.

Assim como aprendi a técnica de Ivana Chubbuck com a própria durante *master classes* que ela oferecia na escola de cinema e teatro de Copenhague.

Aprendi sobre máscaras africanas em Burkina Faso e sobre máscaras balinesas em Bali com I Made Sija, um dos maiores nessa área.

Meu mestre de commedia dell'arte foi Carlo Mazzone, fundador da Dell'Arte na Califórnia e da Commedia School na Dinamarca.

Até hoje procuro ampliar minhas referências e sempre que posso faço questão de refrescar meu conhecimento e aprender uma nova forma.

Os estilos de interpretação mudam. O que era considerado ideal nos anos 1920 já não servia nos anos 1950. E os anos 1970 foram definitivos para o desenvolvimento das técnicas de interpretação.

O mundo progride. Hoje em dia temos mais acesso à psicanálise e a um nível de autocompreensão que é diferente do que existiu nos anos 1980 e 1990.

A sexualidade atualmente é mais fluida, temos menos tabus e preconceitos. E, decididamente, o fato de sermos expostos a interpretações de grandes atores de outros países através das séries de TV ampliou nossas referências sobre o que consideramos uma boa atuação.

Por isso chamo meu método de "O que funcionar melhor". Tenho orgulho de ter estudado e vivenciado diferentes técnicas e métodos com pessoas consagradas em suas áreas, pois assim tenho a liberdade de escolher a técnica mais produtiva para um ator/uma atriz. O que funciona para um ator pode não funcionar para uma atriz que esteja na mesma novela.

Temos que equalizar o tom das interpretações numa mesma novela e ainda assim manter as qualidades individuais de cada ator/personagem. Há atores/personagens que demandam um trabalho contínuo e constante, com ajustes no processo de acordo com o entendimento das motivações e necessidades da personagem. Já para outros, meu papel pode ser o de encorajar a pessoa que já está num caminho maravilhoso.

Strasberg dizia que não se olham os dentes de um cavalo dado: se está funcionando, não vamos complicar! Numa novela, que é mais longa, por exemplo, não queremos que o público se canse da personagem, e assim vamos investigando novas camadas para ela.

Muitas vezes me pego dizendo para um ator: "Isso já foi conquistado, agora vamos mostrar algo novo? Uma nova camada?". Isso tudo dentro da coerência da trajetória estudada, claro.

Cada artista é único, e respeitar as necessidades individuais é muito importante. Quando começo a trabalhar com alguém que eu não conheço, faço um mapeamento do que pode funcionar. Se será uma técnica de teatro físico ou uma ferramenta mais psicológica.

Antunes Filho dizia que o que tem matado a qualidade dos atores modernos é a necessidade de acertar muito rápido. O set de gravação possui um ritmo que é ditado pela indústria do entretenimento, que tem deadlines terríveis e precisa gravar um certo número de cenas por dia, não importa o quê, senão a máquina para. Essa é a realidade de nossa indústria. Temos a obrigação de compreendê-la e fazer o nosso melhor dentro dos limites impostos pelo sistema.

A preparação fora do set é muitas vezes o único lugar onde a atriz/o ator poderá experimentar, errar, investigar a cena. O set de filmagem ou gravação é programado para executar, e não investigar. Na maioria das vezes não existe um tempo hábil para que a cena seja discutida e experimentada.

No máximo, existe um ensaio, e, se não houver um erro crasso, a cena será gravada imediatamente.

Na preparação externa, podemos fazer as tais escolhas. Experimentar e errar para chegar a uma opção de emoções e ações para a cena que sejam as melhores para a condução da história da personagem.

Sempre lembro aos meus parceiros de trabalho que nada do que for encontrado deve se sobrepor à realidade que surge no set quando outro ator ou atriz se junta à cena. Para mim, poucas coisas são mais fortes que o momento presente em que dois atores se estimulam, se provocam, se veem, se ouvem e reagem de forma real e sem artifícios.

Acho muito chato quando uma atriz ou um ator chega "blindado" por opções feitas com um preparador fora do set e não está aberto ao que acontece ali com o diretor e outros parceiros de cena. Uma boa preparação nos dá opções. Não pode nos engessar.

Mas cada um, cada um.

Tem gente que tem seu próprio "método" que funciona e prescinde de preparação. Mas, dito isto, acho que ainda existe uma má compreensão do que vem a ser uma boa preparação.

É como fazer uma pintura num ateliê: você pode experimentar tintas novas e, se não gostar, pode apagar tudo e inventar uma nova mistura. Um bom preparador estimula o que o ator tem de melhor e o ajuda a atingir o seu próprio potencial mais elevado.

Ariane Mnouchkine diz que um bom diretor/preparador deve ser como aquela pessoa do curling, o esporte, que vai limpando o gelo na frente do disco empurrado pelo jogador, para que ele flua sem obstáculos! Eu adoro essa imagem.

Penso que o ator brasileiro ainda tem uma certa dificuldade em fazer uso de um preparador, tal qual um atleta possui um técnico que o alimenta durante um jogo, lembrando do que ele é capaz, encorajando um movimento ou uma ousadia.

Às vezes, na pressão do set, o ator/a atriz se esquece ou cai no que lhe é mais confortável ou habitual (o que nem sempre é sinônimo do que é melhor para si ou para o espectador).

Mesmo dentro de um set, a presença de um preparador ainda não é tão utilizada quanto deveria ser. Vejo diretores parando uma cena para discutir a melhor luz ou o melhor "fundo", mas é raro vermos um diretor discutindo com o preparador se aquela foi mesmo a melhor opção para o intérprete.

O diretor da cena é um maestro que tem que se ocupar de tantos detalhes técnicos que ter um preparador de sua confiança no set deveria ser visto como um grande privilégio.

Mas não seria justo dizer que todos são assim. Já participei de sets em que estava literalmente de braços dados com diretores na condução de uma cena.

É uma delícia quando isso acontece, pois estamos todos com um único objetivo em mente: fazer com que os atores brilhem em sua luz mais bela e forte, em direção a uma cena bela e forte.

Cada vez mais me encanto com a verdade. Atuar para mim não é aprender a mentir, e sim aprender a encontrar a verdade naquela situação fictícia. Se você não encontrar pontos de vivência em comum com a personagem, sempre pode ativar uma das ferramentas mais poderosas na arte de atuar: a empatia! Entender as motivações da personagem sem julgar, por mais radicais que sejam, pode resultar numa atuação brilhante.

Poucas técnicas são mais poderosas que o momento presente, também. Grandes pensadores do teatro, como

Peter Brook, têm livros sobre "a arte do presente". Se nenhuma emoção aparecer na hora da cena, é mais poderoso estar "presente" com dignidade do que "forçar" uma emoção que não é genuína.

E, invariavelmente, quando estamos realmente presentes em uma cena, ouvindo nosso colega e conscientes da história, a emoção surge.

Estarmos disponíveis para a cena, sem medo de nos expor, pode resultar num momento forte e impactante. Recentemente, vi uma entrevista de Helen Mirren em que ela diz exatamente isto: um grande ator não mente, ele expressa a sua verdade através da personagem. Usamos a máscara da personagem não para nos escondermos por trás dela, mas para que nos sintamos protegidos para nos revelar da forma mais íntima! Ou, como dizia Stanislavski, "atuar é ser íntimo em público". O que pode ser mais íntimo que personalizar uma personagem e fundir-se a ela?

O SER

1. O JOGO DO EGO

★ BEM-AMADO ★

[
AGRADAR AOS OUTROS SÓ É BOM NUMA
MEDIDA REALISTA, QUE PERMITA,
TAMBÉM, AGRADAR A SI MESMO
]

"Percebi que posso ser amado, odiado, ignorado exatamente pelas mesmas ideias." Digo essa frase, que ouvi certa vez não lembro de quem, como um mantra, nos meus momentos de respiração profunda, meditação, elevação.

Uma das maiores inseguranças que muitos jovens têm ao começar na carreira (qualquer carreira) é a preocupação em agradar a todo mundo.

Essa angústia, de alguma forma, continua a assaltar os sentidos quando já se está no mercado de trabalho. E segue pinicando mesmo os mais experientes e consagrados.

Mas ela em nada agrega. Até porque, à medida que o tempo vai passando, mudam as condições, os contextos, a profissão, o mercado, o mundo e a forma interna de ver a vida.

Uma ideia sua pode ser incrível para a pessoa A, e péssima para a pessoa B. O ideal é olhar para A e seguir pesquisando, com fé em si.

O mais comum, no entanto, é o contrário: B ganha de A, e o sentimento do "péssimo" de B destrói a felicidade que você está proporcionando a A, que achou sua ideia incrível. Essa "miopia" para o que é bom pode paralisar a sua marcha e bloquear sua criatividade.

Perceber a equação acima e aprender a resolvê-la com maior lucidez e maturidade proporciona um alto grau de liberdade — não só interior, mas cinética — para seguir, com cuidado mas com rigor e energia, o que você faz, quer e pensa.

Opiniões são importantes, mas chega uma hora em que a gente fica sozinho. É mais prudente focar no que dá certo e, ao menos por ora, ignorar, com respeito e educação, aquilo que não tem nenhum retorno.

Isso economiza muita energia mental e física, poupa um sofrimento brutal e gera uma compreensão mais introjetada daquele lugar-comum que diz: "não se pode agradar a todos ao mesmo tempo".

A frase pode até parecer óbvia, um clichê... mas então por que tanta gente anda desesperada correndo "atrás do próprio rabo", a mais popular das utopias?

Pobre de quem vive escravizado pelas expectativas dos outros, sofrendo um baque cada vez que elas são frustradas. Eu agradei? Ele detestou? Eu conquistei? Estão rindo nas minhas costas? Eu "lacrei"?

Essa aderência a coisas que não se pode controlar acaba fazendo com que a pessoa se separe da própria identidade. Daí, inventa personagens para si fora da arte, inibindo sua verdade, seus dons, suas vocações. E desconhecendo seus limites.

Já quem enxerga que tudo está, sempre, recomeçando, sabe que aquela coisa oriental de valorizar o "aqui e agora" é para valer mesmo. Ter sempre um olho no que está aqui, vivo, presente, sem perder de vista a marcha da história, torna as coisas mais fáceis e fluidas.

Os ciclos do medo, típicos dos fantasmas juvenis, podem, assim, ser enfrentados com maior ternura, em uma transição suave entre a "saia da mamãe" (o mimo dos outros) e a vida real — cheia de pedras no caminho, mas também de mistérios e esperanças.

Até as pessoas mais inteligentes, capazes, cultas, estudiosas caem nessas armadilhas frívolas. A tal da inteligência emocional, da qual muita gente caçoa, pode ser definida como a busca de uma utopia mais saudável: um balanço equilibrado entre razão e emoção.

Quando a ficha cai na razão, a parte do cérebro que lida com o emocional resiste, principalmente quando se está dependente de doses de afeto em tempo integral, como o mecanismo de busca de qualquer vício.

Agradar aos outros é necessário dentro de uma medida realista, que permita agradar a si mesmo o suficiente para não transpor a fronteira entre a saúde e a piração. O narciso "moderado" sabe fruir da "dor e a delícia de ser o que é", numa boa.

No lugar de se viciar na expectativa alheia (real ou projetada), melhor pensar em aderir às suas convicções (ou buscá-las, quando não estão claras) e às suas verdades. Verdades que podem não ser absolutas, mas, pelo menos, são as suas, e não as dos outros.

Com elas nas mãos, será mais fácil e rápido adaptá-las aos códigos sociais e profissionais sem sofrer demais, deixando espaço para respirar, e lembrar a frase que iniciou o capítulo: "Percebi que posso ser amado, odiado, ignorado exatamente pelas mesmas ideias".

Por que se debater por nada?

★ A FILA DOS ODIADOS ★

[UM ARTISTA IRRETOCÁVEL PODE SER LINCHADO NAS REDES POR DEFENDER IDEIAS QUE NÃO SÃO UNÂNIMES, MESMO QUE SEJAM NOBRES]

PACIENTE: "Doutor, por favor, me ajude, eu só vivo de cabeça arriada. As pessoas falam comigo, eu não presto atenção, não converso com ninguém. Eu só fico rindo à toa. O que eu tenho, doutor?".

MÉDICO: "WhatsApp".

A piada é da veterana Suely Franco, que ama anedotas, e introduz bem o que quero dizer sobre a necessidade de buscar um equilíbrio entre a ânsia de agradar aos outros e a necessidade vital de agradar a si.

A tarefa é bem mais difícil para quem se entrega demais ao universo virtual, em que os linchamentos instantâneos são capazes de devorar reputações de uma vida inteira em poucos minutos, e para sempre.

Isso atinge desde pessoas públicas ou famosas até a grande maioria de anônimos, silenciosos ou não.

Mas, com certeza, afeta de forma mais amplificada a carreira de quem se torna uma figura pública na arte.

O problema é que isso não ocorre só por motivos graves, como a evidência de um abuso, um crime, uma frase preconceituosa, casos em que o ditado do "quem está na chuva é para se molhar" se justifica, mas com a expressão de pensamentos com as melhores intenções.

Um artista de carreira irretocável pode ser linchado nas redes simplesmente por defender ideias que não são unânimes, mesmo que sejam nobres. Pode ser atacado, ameaçado, hostilizado, por expressar verdades que não são as de todos. Isso ocorre quase diariamente com quem vive de arte.

A lógica da maioria como "verdade absoluta" não é nova. É uma dinâmica que já criou, na história, tiranias como o nazismo. No campo virtual, essa lógica ganha uma dimensão explosiva, giratória, que pode atingir qualquer um da noite para o dia.

O achismo em série, a moda de todo mundo entender de tudo e palpitar sem nada saber seriam fenômenos de viés democrático. Isso se o ambiente em que ocorrem não fosse o mesmo em que o número de curtidas ou o algoritmo do ódio determinam quem é vencedor ou perdedor. Sem meio-termo.

Nesse embate, o vencedor pode ser um Nero querendo incendiar Roma, ou o Calígula de Camus, assassinando toda a corte e a família só porque não pode ter a Lua para levar à sua amada morta!

Perde-se o respeito pelas pessoas, o tempo de refletir, a admiração, a privacidade, o gosto pelas relações, a cadência das conversas — enfim, todas essas coisas que a gente tinha quando o mundo era outro.

É preciso que todo artista busque uma consciência do quanto é prudente se expor, tendo como alvo algum grau de tranquilidade para viver.

★ A CURA DE CADA UM ★

[
PERSONAGENS SÃO ENERGIAS QUE
MEXEM COM O ATOR. É PRECISO DEVOLVER
AO SER O SEU ESPAÇO, OU ELE FICARÁ
APRISIONADO A OUTRA IDENTIDADE
]

A inveja, a energia negativa, a cobiça do que é do outro, a voracidade pela conquista fora de hora não são características de hoje. Acompanham a infância das civilizações desde a Antiguidade.

Sófocles que o diga. Shakespeare que o diga.

Se olho para mim, vejo claramente que, se eu fosse depender dos outros para me aplaudirem, não contaria com um mísero par de mãos espalmadas.

O brasileiro, com toneladas de arrocho no lombo, tem dificuldade para aceitar o sucesso do colega. Hoje, quando percebem que tenho 340 talentos em minha agência, noventa por cento das pessoas perguntam: "Como você consegue? Qual o seu segredo?".

Mas só dez por cento falam: "Parabéns, você consegue!".

Não pensem que os dez por cento são a parcela dos que estão no topo, ricos e bem-sucedidos.

Não. Essa minoria é formada pelos bem resolvidos, os que alcançaram um nível razoável de amor-próprio.

Por outro lado, entre os noventa por cento, há um bom número de pessoas com o rei na barriga, contempladas com altos ganhos, que não se contentam com nada e se veem à beira do abismo quando alguém ao lado levanta voo.

Durante muito tempo, isso doía. "Ó céus, eu me entrego de corpo e alma, doze, catorze horas por dia. Falo com todo mundo, sou acessível. E ninguém está feliz. Felicidade é uma palavra que não se conhece", eu lamentava.

Mas dez por cento a conhecem. Cada um desses vai procurar, a seu modo, sair da cilada da queixa vazia. Uns, com psicanálise, outros, com bons remédios, muitos com exercícios físicos, ioga, meditação; ou, para os naturalmente mais bem resolvidos, com o famoso *chibum* na praia, se a água estiver limpa.

Outros procurarão terapias alternativas. Eu uso a cura prânica (*pranic healing*) e a indiquei para vários artistas que agencio. Como ensina minha instrutora, Cristina Lunardi, nossa dimensão existencial é toda formada por energia, assim como tudo em volta.

Há frequências elevadas e frequências lentas, ela diz. As primeiras formam nosso mundo sutil; e, as segundas, o mundo físico. Para este, temos treino, condições de pesar, medir, avaliar. Sabemos limpar, organizar o nosso corpo material.

Mas e o nosso corpo emocional?

Aprendemos em física que cargas de sinais opostos se atraem e cargas de sinais iguais se repelem. Aqui, seria o contrário: energias compatíveis se atraem e energias diferentes se repelem. "Se pudermos renovar as frequências que formam o nosso sistema, a tendência é atrair vibrações da mesma qualidade. Aquilo que a pessoa vibra é aquilo que ela atrai", ensina Cristina.

Os atores mexem com entidades energéticas: criam personagens e precisam vivê-los. A tendência é de uma grande parte dessa identidade ficar sedimentada. É preciso devolver ao ser o seu espaço de direito, ou o artista ficará aprisionado.

A inteligência emocional está bastante relacionada a essa dinâmica: quando a energia flui adequadamente, é possível dominar as emoções, em vez de ser dominado por elas. E acessar o que se busca sem estar à mercê do fluxo afetivo, que nos cega e nos torna reativos, e não reflexivos.

De um modo ou de outro, seja qual for a terapia, ou sem terapia nenhuma, é preciso lutar com unhas e dentes para conciliar razão e emoção.

E poder, um dia, enxergar a chegada da maturidade como algo possível, alcançável; não como algo que envolve uma fila de espera interminável, mas como o ponto de chegada de uma jornada rumo ao "sucesso".

Mesmo que esse sucesso seja, apenas, o de estar bem na própria pele.

Não há fama que cure o malquerer a si mesmo, ou que resista à fogueira das vaidades.

★ REBELDE COM CAUSA ★

[NÃO É DECENTE, NUM PAÍS QUE VIVE TANTAS MAZELAS E CONTRASTES, IGNORAR O FOSSO SOCIAL EM QUE VIVE BOA PARTE DO PÚBLICO]

Um artista deve se engajar em boas causas. Seja por um impulso natural, seja por um esforço ético, em prol da própria consciência e da responsabilidade de dar um retorno ao público.

Dar esse retorno, além de um dever, é um privilégio.

O artista vive do povo. Sem reconhecimento, não há sobrevivência artística, só anonimato. Não é decente, num país que vive mazelas e contrastes, ignorar o fosso social em que vive boa parte do público.

Ações beneficentes e engajamento em causas vitais, como preservação do meio ambiente, liberdade de expressão, aversão à censura, apoio ao fomento cultural, às minorias, à liberdade de gênero, luta contra o racismo, contra o autoritarismo devem estar na pauta do artista consciente.

Contribuir para o Retiro dos Artistas, para o Instituto do Câncer, para a saúde da infância, enfim, escolher um caminho de ação voluntária com impacto direto na vida das pessoas é tão importante quanto.

Manifestar-se politicamente por meio da arte (no sentido político intrínseco que a arte tem ou em espetáculos que abordem a política) é fundamental para construir uma carreira íntegra e deixar um legado.

Recomendo, por outro lado, cuidado com o engajamento partidário. Claro que o artista, como cidadão, deve seguir suas convicções e apoiar seus candidatos, aderir ao grupo que bem entender.

O perigo está na hora de ir ao palanque, de tirar foto com políticos, principalmente quando isso parte de um impulso e, mais ainda, quando envolve remuneração.

Posicionar-se de maneira democrática é importante e, em alguns momentos, em que o estado de direito e a liberdade estão em perigo, pode ser fundamental aderir a algum discurso personalizado.

Mas usar redes sociais para discursos alarmistas contra um candidato confuso ou associar sua imagem a alguém cuja trajetória ainda é incerta já é outra coisa.

Se você quer escrever sua trajetória sem cair em armadilhas, escolha as bandeiras com cuidado. Ser politizado, fazer política, mobilizar é diferente de fazer divulgação política, usar as redes para impulsionar homens públicos sem exigir transparência ou basear a carreira nisso.

Mais perigoso ainda quando esses apoios irresponsáveis ocorrem no início: quem se associa à pessoa errada pode morrer no nascedouro.

Quando se é peixe grande, é outra coisa. Mesmo assim, o risco de queda vertiginosa é alto.

Temos exemplos de artistas importantes que ficaram marcados por apoiar políticos sem transparência.

Quando vi Zezé Motta, um ícone da atuação e da canção, que deu vida, na TV e no cinema, a mitos da nossa história como Xica da Silva, fundar o primeiro site de atores negros no Brasil, notei, ali, um belo exemplo do que é fazer política não partidária e contribuir para o avanço imediato da inclusão.

Quando eu a conheci, ela tinha uma filha. Hoje tem cinco filhas adotivas. Depois de atravessar fronteiras e ser uma das desbravadoras do mercado para atrizes negras, ainda encontra tempo para ser vice-presidente do Retiro dos Artistas. Ela tem várias funções em várias escalas.

Está em todas.

Em 2019, participei, com gente de meu elenco, de um encontro de ex-ministros da Cultura que discutia a realidade das artes num momento conflagrado. Nossa presença ali era fundamental.

Há também campanhas publicitárias às quais vale aderir (vacinação, preservação, combate à intolerância). E a beneficência é outro belo caminho para quem precisa evitar o anonimato.

Exemplos de civismo servem de inspiração para outros, de modo que ajudam a converter, tanto quanto possível, a roda da fama (que envolve dinheiro) numa engrenagem que gera força progressista.

Quem tem a luz sobre si, está sob holofotes, tem que desviar essa luz para quem lhe dá suporte, audiência, atenção e, muitas vezes, chega a divinizar a arte.

Alienação não faz bem a ninguém. Mas é sempre prudente fugir da hiperpolitização: fora do palco ou das telas, o artista deve saber modular sua ação para não perder o contato com o próprio ofício, preservando sua credibilidade e evitando a estigmatização.

★ A MALDIÇÃO DA SELFIE ★

[
A VIDA IMITA A ARTE, E VICE-VERSA,
MAS ELAS TÊM EXISTÊNCIAS INDEPENDENTES.
QUEM AS CONFUNDE NÃO É CAPAZ
DE TRANSITAR ENTRE UMA E OUTRA
]

Ok, a imagem pesa muito nos dias de hoje. Ok, não dá para ser desleixado sem que isso tenha um custo. Há produtores de elenco que pedem foto das mãos para ver o formato da unha. Ou foto de sorriso para ver a qualidade e a cor dos dentes. São cuidados importantes, mais ainda com a chegada da alta definição digital na casa das pessoas. Uma pele malfeita hoje grita muito mais do que antigamente.

Mas calma. Uma coisa é acompanhar as tendências e as demandas com sabedoria e foco. Outra coisa é virar escravo da autoimagem. O cabelo, a maquiagem, a roupa, os cuidados básicos, a saúde corporal, tudo isso conta nas aparições públicas e na rotina, mas não o suficiente para que o artista deva se entregar às ondas do narcisismo público.

A adição desenfreada ao espelho (leia-se: à câmera da selfie) gera uma febre de postagens pessoais que anda confundindo a cabeça principalmente das atrizes (ainda sujeitas a uma dinâmica de objetificação), convencidas de que uma foto de biquíni hipersensualizada vai contribuir para a carreira artística.

Não mesmo. O excesso de erotismo pode render muitos *likes*, mas retorno profissional, se estamos falando em atuação, dificilmente vai trazer.

De alguma forma, é preciso despir-se do próprio corpo, ou falar dele como um instrumento, não como lugar de exibição permanente. É muito melhor deixar a exibição, do corpo e da fala, para o palco e para as telas. E falo do corpo não somente na sua dimensão formal.

Acho muito legal artistas que viram veganos, falam sobre exercícios, meditação, métodos de autoconhecimento, vitaminas. Tudo que é saudável é bom de ser transmitido em algum momento. Mas mesmo isso não pode virar uma obsessão, algo que defina o indivíduo e se transforme em mais uma vitrine ostentatória.

Uma coisa é a atriz que, entre vários aspectos, é vegana. Outra coisa é a vegana que, entre outras coisas, é atriz. Escolha o primeiro caso, ou você vai se transformar num rótulo ambulante.

O corpo é uma ferramenta a serviço de personagens, como já disse antes. E não um personagem forjado na vida real para, depois, grudar na imagem do ator, prejudicando o discernimento do público.

A vida é a vida, a arte é a arte. Uma pode bem imitar a outra, mas elas têm existências independentes. Quem confunde a vida com o show ou o show com a vida não é capaz de transitar entre um e outro, e essa capacidade é o que permite que se entre numa sala de espetáculos.

É um limiar delicado, mas que deve ser controlado. A exibição exacerbada de qualquer elemento, ainda mais físico e estético, só depõe contra. Hoje há uma averiguação grande nas redes sociais não só pelos milhares de "amigos" que entram no seu perfil, mas pelos profissionais de mercado que buscam talentos.

Quando alguém disser o seu nome no meio profissional perguntando "conhece fulano?" e o outro responder "conheço", isso pode ser um bom ou um mau sinal.

Um Instagram mal executado pode derrubar uma carreira e levar tudo por um caminho errado.

Então, para resumir, eu diria: seja o mais *low profile* possível. O mundo virou uma vitrine meio obrigatória, e as pessoas estão ali, mostrando-se o dia inteiro, como manequins sem uma vida interna, sem um conteúdo.

Preste atenção. Os Grandes Artistas — as maiúsculas são propositais — pouco se expõem fora da esfera da arte.

Quem faz isso em geral são as pessoas que estão ansiosas demais por um lugar ao sol, ou ávidas por manter uma pegada só comercial.

Isso leva a confundir o que é essencial na arte — o conteúdo — com o negócio, que, na verdade, só existe quando há algo consistente para trabalhar.

As grandes divas do teatro brasileiro sempre se cuidaram muito, mas com uma preocupação voltada mais para as plataformas em que iriam atuar. Para o figurino de um personagem cair bem. Ou para compensar os cinco quilos que a televisão engorda (um fato) antes de começar uma novela. Por isso é comum, independentemente do manequim, o artista fazer uma "dieta a serviço do personagem" antes de começar a gravar um novo papel na TV. E também para sentir-se mais à vontade no figurino: durante as novelas, não há muito tempo para se exercitar, e quase sempre se ganha algum peso ao longo dos meses.

Hoje, com as mídias sociais, muita gente que deseja ser artista não percebe que, em suas postagens em série, estão mais a serviço de si mesmas (ou da sua autoimagem, muitas vezes falsa) do que da arte.

É um exibicionismo beirando o limite da verdade. No final das contas, a busca de autoconhecimento em prol das máscaras que um ator tem que vestir em cena acaba se convertendo num processo inverso: a pessoa passa a se desconhecer e, na hora de atuar, mergulha num abismo aleatório.

Para quem simplesmente não consegue lidar com essas contradições, recomenda-se muito a assessoria de imagem, que, no entanto, costuma funcionar melhor para quem já está mais estável no mercado, com uma carreira ativa e um orçamento.

É esse o caso também de outras práticas menos acessíveis, como visagismo, *personal stylist* ou assessoria de moda.

Mas isso não significa que eu vá me furtar a dar uma palhinha para os leitores ávidos por informação e orientação, daí ter escrito este capítulo.

Com um pouco de reflexão e muita moderação, é possível resistir às tentações de Narciso, o autoadmirador da mitologia grega, e seguir o caminho de Atena, a deusa da arte.

★ FORA DO PADRÃO ★

[NÃO HÁ NADA MAIS DOENTIO DO QUE
UMA SOCIEDADE EM QUE TODOS
QUEREM SER CÓPIA DOS OUTROS]

Estamos entrando numa época que favorece muito a inclusão de tudo que sai de um padrão preconcebido. Os estigmas, porém, permanecem. O racismo, a gordofobia, o complexo de seios pequenos, a febre das plásticas estão aí. É bastante natural que a pessoa que já sabe que está chegando ao mercado com algum traço "perseguido" e não encontrou um modo produtivo de lidar com isso pergunte-se: como é isso? Estou fora do páreo?

Não, não está. Desde que, em primeiro lugar, se aceite naquilo que é a sua identidade, sua tendência, sua opção, seu pertencimento, sua compleição física.

Mas o verdadeiro aprimoramento para quem está fora de algum padrão vigente ou sujeito a alguma ditadura estética liga-se a colocar a personalidade em primeiro plano. Buscar um estilo. Trabalhar aquilo com que os outros se identificam.

Em alguns casos, quando isto fizer sentido, reforçar a mensagem a um segmento que se vê, da mesma forma que você, um pouco marginalizado, sem motivo, ajudando, inclusive, a transformar esta realidade.

Não há nada mais doentio do que uma sociedade onde todos buscam uniformização e uns querem ser cópia dos outros, sobretudo quando isso representa pertencer a um tipo de exército do que seria o "bom gosto".

Estamos na era da diversidade. Se você olhar as novelas de hoje — e cito as novelas porque em geral são mais resistentes e só vencem tabus quando a sociedade está mais tolerante —, os elencos são mais plurais, abertos a todas as etnias e segmentos.

Quem é infeliz por não ser igual a "outro", que é sua referência, adiciona à crueldade requintes de autoflagelo e não consegue sequer pensar naquilo que, em si, é capaz de conquistar interesse, afeto, espaço.

Já quem encontra esses elementos e não tem medo de brincar com eles, encontrará, automaticamente, um ou mais lugares no mercado, em busca do que é humano, matéria-prima da grande arte.

A ARTE (NÃO) É UMA CRIANÇA

★

A RAIZ ARTÍSTICA NÃO PODE SUGAR A VIVÊNCIA DA INFÂNCIA E OS ESTUDOS, SOB O RISCO DE SE TORNAR MAIS PRAGA DO QUE BÊNÇÃO

"Não deixe que seja o sonho dos pais, tem que ser o sonho dos filhos" é o meu lema quando se trata de um artista mirim. A criança, mesmo aquela destinada a virar uma estrela, tem que brincar e estudar, lambuzar-se de sorvete, rolar na areia.

Quando essa liberdade não existe, quando a criança vira fonte de renda dos pais ou investimento para uma renda futura, instala-se, desde cedo, uma forma inadequada de criar um filho.

Claro que o trabalho artístico de uma criança pode se transformar em renda como consequência de algo extraordinário, muito precoce, que seja, por si só, um *statement* imediato, indomável, e caminhe lado a lado com o prazer de viver infantil.

Mas você conta nos dedos os casos assim.

O desenvolvimento do talento artístico de uma criança deve se dar no ritmo normal, em paralelo com a vivência da infância, lado a lado com seus pares, até que ela mesma detecte a sua verdade.

O gênio de Michael Jackson emergiu em meio a abusos do pai, incluindo violência física e provações. A massa de bilhões de fãs não se preocupou com isso no momento em que sua dança, seus hits, sua imagem, sua voz estouraram no planeta.

Quando surgiram seus desvios de personalidade, sua relação suspeita com as crianças, poucos perguntaram, tampouco, a que ponto os maus-tratos do pai-agente estavam relacionados com os estragos que mancharam sua herança.

Ou seja, casos como o de Michael Jackson acontecem, e sua arte está aí, historicamente consolidada, junto com suas sombras. Mas o modelo que originou sua carreira não deve, nunca, ser tomado como base para lançar uma criança no mundo da atuação.

Tem que deixar vir e saber, até o período de maturação, se a chama fica, porque tudo pode mudar. Na criança, a raiz artística não pode sugar a infância, sob o risco de se tornar mais uma praga que uma bênção.

Um: criança tem que brincar e estudar. Dois: criança não é renda de família. Três: a arte, nessa etapa, é complementar. Se for detectada uma tendência muito forte e um desejo gritante, coloque-a num curso. Ela irá à escola de manhã e ao curso à tarde. Temos escolas de interpretação para crianças cada vez melhores.

No fim de 2019, fui assistir à apresentação de final de ano da diretora Cininha de Paula (que, entre dezenas de trabalhos com as maiores estrelas da TV e do teatro, fez girar a mágica de humor da *Escolinha do Professor Raimundo* e esteve à frente de programas como

Sai de Baixo e *Sítio do Picapau Amarelo*) com os alunos dela de musical, de seis a dezoito anos. Meninas de seis anos cantando Broadway. Elas estudam de manhã diariamente e, uma vez por semana, vão à escola de musical. Aí a coisa anda bem. Os pais vão avaliando, sem arrancar a criança de sua trajetória e de sua socialização.

Se a regra for o oposto, na maioria dos casos a criança, lá na frente, será lançada num limbo que pode determinar seu futuro. É extremamente comum os pais sacrificarem, assim, os estudos dos filhos e suas próprias vidas ao investirem num fogo passageiro destinado a se apagar.

A consolidação só ocorre com a maioridade, entre os dezoito e os vinte e um. É quando acontecem a mudança final de voz, de feições, a última espichada, a tendência a ter ou não ter acne etc.

Crianças que foram engraçadinhas ou mesmo angelicais de repente viram um outro ser, crescem demais, ganham outro corpo, ficam desajeitadas.

Ou, simplesmente, percebem que, internamente, não têm nada a ver com aquela carreira.

Aí você pode perguntar: e se a criança for um estouro, começar a receber convites, justifica concentrar tudo na carreira desse artista mirim?

A resposta é "não". Concilie o trabalho com os estudos. Recuse o convite que vai atrapalhar. Espere por um trabalho que permita essa conciliação.

Hoje, uma criança que faz novela funciona exatamente assim. A lei é clara ao serem contratadas: ela estuda de manhã, almoça, grava do início da tarde até as seis ou sete da noite e vai para casa.

Você, pai ansioso, há de insistir: mas e se for o maior fenômeno de todos os tempos? Aí não tem jeito, né? Bom, maior fenômeno de todos os tempos, por definição, só acontece uma vez.

Ok, é linguagem figurada, então vamos dar o exemplo de uma atriz talentosíssima, a Leandra Leal. Quando tinha catorze anos, e eu a representava — ela ficou comigo até os trinta —, Leandra era uma das melhores alunas da Escola Parque. Uma geniazinha.

Pintou uma oportunidade top: fazer *A ostra e o vento*, de Walter Salles, filme de arte, de um cineasta autoral.

Mas seria filmado numa ilha durante dois meses.

E agora?

Bom, agora, a mãe, Ângela Leal, também atriz, que não podia ir junto, designou uma profissional para, ao mesmo tempo, cuidar dela, assessorá-la (por ser menor) e garantir que cumprisse o programa de estudos.

Feitas minhas teimosas ressalvas, eu diria que o melhor caminho, quando se detecta talento e vontade, é procurar uma agência de crianças. Para inclusive tirar dos pais o peso de se tornarem agentes sem ter o tato para isso. E observar a evolução.

Se você tem em casa uma criança que aos doze anos está devorando Shakespeare e Nelson Rodrigues, comemore, inicialmente, porque ela está se tornando uma pessoa culta. Depois, porque pode estar nascendo um ótimo candidato a fazer Artes Cênicas, ou Letras, na faculdade.

Repito: na faculdade.

Isso é outro ponto importantíssimo: se a criança se manteve estudando nesses anos de pré-formação, chegará à maioridade em condições muito melhores de fazer um curso superior.

Se desistir de atuar, que faça Medicina, Direito, o que quiser. Se manteve o pique artístico, vá fazer Música ou um curso profissionalizante. Enquanto não chega à maioridade, invista no extracurricular, e não se esqueça de garantir que seu filho falará inglês, independentemente do que virá depois.

Há pais sem qualquer noção, que decidem, do nada, que a criança tem que ser cantora, porque ela gosta de cantar, mas é desafinada de dar dó. A professora já disse que não tem ouvido, não irá evoluir muito. Mas o pai insiste e aí você vê essas pessoas aí fazendo show pago pela família com o público constrangido.

Na escola da Cininha de Paula, da qual falei, vi crianças com total conhecimento de palco, domínio vocal, expressão corporal, cantando e dançando sapateado e jazz. É muito difícil fazer um número da Broadway.

Nessa criança você tem que investir.

Mas há a criança que não tem talento, carisma, e a mãe acha que é a Marilyn do futuro. Quer realizar sua própria fantasia às custas dos filhos.

Uma atriz que agenciei, Carolina Pavanelli, fez uma novela em 1993, *Sonho meu*, que estourou, e ela junto. Deu setenta de Ibope. Aquela imagem de criança ficou superforte no imaginário do público, mas, já crescida, a carreira de atriz não parecia fazer sentido para ela.

Só que, extremamente inteligente, e com a boa formação que recebera, tornou-se uma advogada bem-sucedida. Ela soube fazer o *turning point* da vida dela.

Mas tem gente que não sabe. Presenciei muitos casos assim depois de *Chiquititas*, no final dos anos 1990. Flávia Monteiro, no papel de diretora do orfanato, era a estrela. Dali saiu um monte de crianças famosas: Fernanda Souza (que já tinha alguma fama, como apresentadora do programa *X-Tudo*, da TV Cultura), Bruno Gagliasso... Alguns fizeram um curto sucesso e sumiram. Outros nem sentiram o gostinho. A cada final de ano, mudava o elenco inteiro, e eu via o desespero das famílias.

Isso é muito agressivo para a cabeça de uma criança. Ela vem do nada, do interior, fazer uma novela na Argentina, de repente acaba o ano, acaba aquilo, acaba tudo.

Glória Pires é um caso de estudo. Começou pequenininha, nunca fez teatro, atravessou a transição e é uma atriz excepcional, com grande escuta e um tino de empreendedora extraordinário.

Mergulhou no cinema e nunca parou, passou a produzir, amadureceu, mulher de negócios. Mas sua história não é comum.

Outra exceção é a de Isabela Garcia, que iniciou sua carreira aos quatro anos na novela *Água viva* e se mantém em cena, com sucesso, até os dias de hoje. Contam-se nos dedos casos assim.

Trazendo para os dias de hoje, cito a atriz, apresentadora e youtuber Maisa, que é o fenômeno dos fenômenos. Além de ter talento, é superarticulada, encantadora, com um QI elevadíssimo e uma inteligência emocional de berço.

Você detecta quando aparece uma criança com esse perfil. São poucas, raras, as que têm. E aí vale a pena um tratamento especial.

Mas, na maioria das vezes, o que vemos é um bando de pai e mãe querendo colocar o filho famoso no funil.

O que ocorre é uma travessia traumática. Imaginem a queda da criança quando o sonho ruir? Ou quando descobrir que viveu como um adulto, pensou como um adulto, pouco estudou, transformou-se numa criatura com um déficit de alegria brutal?

A história muda quando a evolução se dá em paralelo com a escola, com o prazer de brincar, com a liberdade e a relação com a natureza que a criança tem, com seus códigos próprios, que a gente vai esquecendo ao longo da vida, mas que ficam ali, no coração, e impulsionam nossos sonhos e nossas esperanças.

Todos esses elementos são essenciais para um crescimento saudável, inclusive para quem acabará dedicando a vida às artes: se o processo é natural e rico em janelas, vai-se aumentando aos poucos a dose de comprometimento. Como *O pequeno príncipe*, o pequeno artista só pode nascer pleno e feliz se puder viajar entre os planetas e estrelas de sua imaginação e, ao confrontá-los com o real, descobrir o sentido da arte.

É por isso que vale inverter um pouco a lógica: antes de mergulhar a criança numa perspectiva incerta de carreira, mergulhe-a na fruição artística em si. E isso já começa com a educação dos pequenos como meros espectadores.

Em 2019, fui a uma palestra do Google em que diziam que há uma preocupação muito grande com a qualidade do conteúdo que está sendo veiculado.

Se até eles, que fazem parte do império dos algoritmos, estão preocupados, imagine você e eu em relação a nossos filhos ou netos.

Acho um crime, hoje, deixar uma criança de frente para uma TV, uma tela de computador ou um tablet assistindo a cinco horas de troca de figurinhas.

A internet, quando bem usada, permite alcançar um grau de conhecimento elevado a respeito de muitas questões fundamentais, além de servir como instrumento de protestos e denúncias que jamais viriam à tona sem ela.

Mas tem, por outro lado, uma capacidade de emburrecer colossal. Quando se passa de um certo limite de exposição a esse "lado sombrio", a ignorância vence o conhecimento, as distorções vencem a formação:

têm-se crianças com amadurecimento precoce, falando como se fossem adultos, com sua energia represada, oculta, e uma sexualização exacerbada.

Os tempos são outros e os pais têm responsabilidade de encontrar o timing dessa difícil equalização, não só exercendo o que a gente hoje entende como controle parental, mas também cercando a criança de opções, seduzindo-a com arte (se a escola der uma força, melhor ainda), livros, muito papo, jogos que estimulam o pensar sensível, e não só a ação e a competição.

É importante que a criança seja banhada de influências artísticas ao longo da vida, de forma natural, sem forçar, mas constantemente, dando-lhe opções de escolha. Que vá a um teatro, a um concerto, seja apresentada a um instrumento musical, à dança, descubra o prazer de criar um desenho.

Fico doido quando as pessoas dizem que teatro a quarenta reais é caro, mas compram um abadá por quatrocentos e não levam o filho a uma peça. Meu pai era um homem de classe média, e mesmo assim tive uma formação privilegiada. A arte salva muita gente. Ela faz a gente viajar por um mundo que nenhum dinheiro pode comprar.

A arte está aí para isso. É libertadora. Quando você pega um bom livro, você faz a volta ao Universo e desenvolve um olhar para ele sem precisar gastar em passagem e hotel.

É aí que começa tudo.

★ LIDAR COM O OUTRO ★

[QUANDO O PÚBLICO RECONHECE O ARTISTA,
ESTE PRECISA TER A CAPACIDADE DE DEVOLVER
O RECONHECIMENTO DE ALGUMA MANEIRA]

O ator que não sabe lidar, no dia a dia, com as outras pessoas sofre muito, porque o mundo é, cada vez mais, da parceria. A sociedade humana está se transformando em uma cadeia de relações com diferentes atores (no sentido de ter papel ativo) do mercado. As coisas hoje são bem mais profissionais.

Quem não é famoso e se queixa de não ter espaço porque o mundo é injusto, porque sofreu boicotes aqui e ali, pode não perceber que a verdadeira justificativa para sua dificuldade de emplacar está em motivos que dependem mais do seu trabalho ou de seu posicionamento.

A realidade do mundo do entretenimento é uma rede de negócios formada por muitos agentes, por uma intensa busca de bom material (não falo aqui de texto, mas do material de apresentação), por um desejo de aperfeiçoamento, uma ânsia de revelações de talentos. Tudo isso em uma mini-indústria, que está formada e com potencial de grande expansão, a depender da conjuntura do momento.

Quem quer entrar no mercado tem que se preparar para, uma vez nele, ficar e não ser ejetado pela força centrípeta dessa roda-viva. A formação, da qual já falei, é fundamental.

Antigamente, os atores entravam sem registro, eram marginalizados. Entravam por vocação, eram levados ao estrelato, viravam grandes nomes mas não tinham compreensão do que é uma carreira estruturada.

Hoje a carreira não só pode como deve ser estruturada. Há caminhos possíveis para escolher, há regras estabelecidas e uma disputa muito violenta por espaços num sistema de plataformas múltiplas de trabalho.

Todos os grandes atores e atrizes brasileiros surgiram só para o teatro, para os palcos. Mais tarde vieram as outras mídias, os trabalhos em cinema, em televisão.

Não é mais assim. É tudo ao mesmo tempo agora. Isso exige um grau de compreensão muito maior. Não dá para cair de paraquedas no mercado. O risco de se ferir para sempre é alto. Não basta querer ser, mergulhar e improvisar. É preciso ser de fato.

Saber falar, com espírito democrático e compreensão de cidadania, é uma grande vantagem. Quando o público reconhece o artista, este tem que ter a capacidade de devolver esse reconhecimento de alguma maneira. Com bons exemplos ou como fonte de inspiração.

Temos as redes sociais para isso. Não adianta dizer: "Eu sou só artista, não gosto do público, não gosto de entrevista". A não ser que seja uma divindade sobrenatural, ou um gênio antipático desses que aparecem uma vez a cada cinquenta anos, o artista tem que estar em condições de estabelecer uma troca constante.

Se você está lá, é porque o público o elegeu para estar. Se você está atuando, se comunicando, em destaque, existem milhares de pessoas que bebem na sua fonte.

Um artista sem público não é um artista. Quer dizer, pode até ser, mas não sobrevive para ser reconhecido como tal.

O artista sobrevive porque se comunica.

E, para se comunicar, é preciso ter o que dizer.

★ TÁ NA MÍDIA? ★

[UM BOM ASSESSOR DE IMPRENSA SEPARA
O JOIO DO TRIGO E DISTRIBUI COM CARINHO
AS INFORMAÇÕES QUE VOCÊ QUER DIVULGAR]

"Tá na mídia" é uma expressão muito utilizada para se referir a pessoas e assuntos que, merecidamente ou não, estão sempre aparecendo em matérias, colunas sociais, na TV, nos sites. Mas esse "aparecer" nas mídias já não depende exclusivamente dos jornais e das emissoras: as redes sociais permitem que o usuário se promova e até que, em troca de alguns reais, turbine suas postagens.

Tal fato, adicionado à crise e às mudanças dos jornais impressos em sua caminhada para o digital, faz muita gente estabelecida do mercado, famosa até, pensar que fazer trabalho de imprensa é inútil.

Nada mais falso.

A imprensa vai sempre existir. Mesmo espalhada, fragmentada em múltiplos espelhos e nos perfis de influenciadores, onde houver difusão e análise de informação, seja ela profissional, seja alternativa ou mesmo amadora, ali estará o jornalismo.

No momento em que o nome de um artista se projeta, ele irá, fatalmente, circular nesse ventilador multidirecional. Nessa hora, um bom assessor saberá diferenciar o joio do trigo e criar estratégias para distribuir com carinho as informações que você deseja fazer circular, entre o consumidor de notícias, sobre seu trabalho, suas ideias ou, como se diz na área, suas pautas.

Mas é preciso extremo cuidado em não buscar esse tipo de apoio antes do tempo. Erro comum, sobretudo entre gente que fica famosa da noite para o dia mas não tem ainda o lastro artístico nem reconhecimento entre as cabeças sérias do mercado e da crítica.

Muitos desses seres meteóricos sem voo sustentável contratam um assessor de imprensa (ou qualquer passante que se diga assessor) para bombar o número de seguidores a qualquer custo e acabam se expondo com aparições gratuitas, grosseiras, equivocadas, cafonas. O tal "assessor" manda você fazer foto em qualquer lugar, expor onde come, viralizar festas, fazer selfie no banheiro.

O bom assessor é aquele que evita esses excessos e trabalha a imagem do ator tendo em conta um grande leque de aspectos.

Assim, além de sua importância para produção de pautas, cuidados com as entrevistas, acompanhamento e clipping, o assessor de imprensa ajuda a pensar onde não estar, o que não dizer e o que não postar. E a refletir sobre quem é a pessoa e quem é o artista, antes de decidir a maneira de comunicar suas rotinas. Essa triagem é vital.

Aquela reportagem expondo corpo, hábitos, casa, vida pessoal, ostentando objetos e valores, só vale, se é que vale, para quem já se estabeleceu. Começar por aí é um banho de água fria antes de esquentar.

O excesso de exposição e o rareamento de um discurso pensante está fazendo as pessoas perderem a curiosidade pelo que você faz onde interessa: no universo da cultura e das artes.

Com toda a franqueza, pergunto: o que interessa, num sentido mais essencial e profundo — nem digo aos outros, mas a você mesmo —, onde você come, com quem você foi à festa, que roupa usou hoje ou ontem, onde bebeu todas? Além de criar um hiato absoluto da sua identificação com a carreira artística, não vejo em que o seu *lifestyle* bombardeado 24 horas por dia acrescente à vida dos outros e à sua.

★ O PÂNICO DA CRÍTICA ★

[
"NINGUÉM OS AMAVA, SÓ O PÚBLICO",
DISSERAM, CERTA VEZ, SOBRE OS CRÍTICOS
QUE TORCIAM O NARIZ PARA OS
FILMES DE O GORDO E O MAGRO
]

Quem não tem medo de crítica? Muita gente tem, numa escala que vai do frio na barriga à síndrome do pânico. Mas o fato é que gerações de artistas, com medo ou sem medo, sobreviveram a críticos rigorosos como o polaco-brasileiro Yan Michalski, autoridade máxima de uma época; profundos como Macksen Luiz, com sua longa trajetória até nossos dias; e instigantemente talentosos e cruéis como a crítica e tradutora de Shakespeare Bárbara Heliodora (ou, como chegou a ser apelidada numa peça dedicada a ela, "Bárbara não lhe adora").

Caíssem em suas graças (o que era raro), em suas indiferenças (comum) ou em suas desgraças (quase sempre!), todos os que tinham talento e perseverança, alma, coragem e inteligência (inclusive emocional) só cresceram depois de ouvir os pitos de Bárbara.

Entre os grandes atores e atrizes, há quem não esteja nem aí e quem fique extremamente abalado. Mas o fato, triste em si, é que os grandes críticos em profusão, e o espaço para a crítica extensa, contextualizada, estão desaparecendo, pelo menos das mídias mais centrais.

Acontece que isso não muda muita coisa: hoje, a fúria não vem mais da crítica profissional ou da plateia, quando fosse o caso de vaiar, mas das redes sociais. Como se múltiplas plateias críticas, por múltiplas razões, orbitassem sua obra, sua atuação, sua pessoa, seu personagem, munidas de flores ou mísseis, e atirassem de forma desordenada. Tem muito jovem artista com síndrome do pânico por causa disso.

É muito sério. O lamentável disso é que, no modo antigo de criticar, a revolta ou a discordância de um ator com a crítica vinha também acompanhada de respeito, de uma escuta, de uma reflexão.

As palavras de Nicette Bruno são transparentes: "Nunca tive medo. Estou aqui para isso. Tenho que prestar atenção, para ver até onde eu tenho que melhorar, agradecer o fato de eu ter conseguido realizar alguma coisa que ocasionou uma crítica positiva e pensar sobre a negativa. Faz parte do trabalho. Quando comecei, existiam críticos dedicados. O professor de filosofia e crítico Décio de Almeida Prado, por exemplo, publicava três críticas em três dias seguidos sobre o mesmo espetáculo! Na primeira crítica, analisava o texto; na segunda, a direção; e, na terceira, todos os intérpretes, desde o protagonista até aquele que fazia uma ponta. Imaginem isso hoje! Era importante para o público também, que acompanhava. A rapidez de hoje, a falta de contextualização fazem com que a crítica, mesmo positiva, não ajude nem a gente, nem a plateia".

"*Nobody liked them, but the public*" ("Ninguém os amava, só o público"), alguém disse, certa vez, sobre o nariz torcido da crítica mais culta para as estripulias de Laurel & Hardy (O Gordo e o Magro), uma das duplas mais famosas da história da comédia no teatro e no cinema. Por mais importante, formadora e fundamental para a contextualização de qualquer obra e para o pensamento livre, a crítica definitiva (e hoje todos os que vivem a experiência artística sabem disso) ainda é o boca a boca ou, conforme for, o tablet a tablet.

"INFLUENCIAR" PRA QUÊ?

[SE OS JOVENS *INFLUENCERS* ESTIVESSEM MAIS ENGAJADOS EM PROCESSOS DE FORMAÇÃO, SERIA UMA BAITA REVOLUÇÃO ARTÍSTICA!]

Os digital influencers ou, em simples tradução, influenciadores digitais — pessoas com milhões de seguidores, ou presentes em segmentos estratégicos — adquirem forte poderio e alcance de comunicação. Os grandes artistas que não utilizam a internet têm essa consciência. E muitos se perguntam: para que todo esse poder?

Ao observar de perto, veremos que a grande maioria dos influenciadores canaliza essa relação com o público (ou serão apenas usuários?) para resultados comerciais imediatos, que nada têm a ver com arte.

Claro, outros usam como plataformas de ideias, na política ou no terceiro setor, mas aí já é uma esfera diferente. O problema que enfrentamos é o espaço que os influenciadores caça-níqueis tiram de quem dedica uma vida à atuação, à criação, à direção, à produção.

Como seria bom se a arte tivesse esses jovens influenciadores como aliados! Se estivessem engajados em processos de formação, de estímulo... seria uma tremenda revolução artística!

Mas o que ocorre é um bando de líderes carregando a garotada, em massa, para o consumo, para a competição, para a adrenalina e a velocidade sem tempo de reflexão. Hoje lemos muitas reportagens e estudos sobre como isso contribui para a alta incidência de depressão na adolescência.

É que os influenciadores vendem, muito, uma felicidade, uma estabilidade emocional, um controle sobre tudo, que, simplesmente, não existem. Então, em vez de espelhar-se na sua face real, esses "influenciados" se ligam numa ficção.

Isso, em alguém que busca atuar profissionalmente, cria uma grande confusão: se já está no meio de uma mentira, como vai ter a lucidez necessária para trabalhar um personagem entre o real e o imaginário?

Pior: ao surfar numa falsa felicidade, na crista de uma onda eterna, de sucesso absoluto e permanente sustentado por superdosagens de *likes*, como vão reagir na hora que a onda os derrubar? Como vão se recuperar do susto, emergir do caldo, voltar à superfície?

Acho que está chegando a hora de regredir um pouco — de forma geral, mas também na rotina dos indivíduos ou de seus assessores de imprensa ou de imagem. "Vamos dar um passo para trás nesse sentido", me vejo dizendo muitas vezes por semana. Tentar emplacar uma pauta mais cultural, menos pessoal, menos íntima, menos ostentatória.

O pessoal pode chiar: "Ah, mas aí o interesse é menor, os sites não querem, os leitores querem vibração".

Respondo a isso com um dos novos lugares-comuns da moda: "Menos é mais". Só que cuidado: menos excesso, menos derramamento, menos ego; e mais essência, mais obra, mais expressão do trabalho. Se é para dizer o que acrescenta algo ao bolso mas rouba em essência e conteúdo, meu conselho é: não diga.

2. OS CRIADORES

★ ESCREVER BEM ★

[
O CONHECIMENTO DO PORTUGUÊS
É UMA DAS MAIORES FERRAMENTAS
DE ASCENSÃO SOCIAL PARA O ARTISTA
]

Ser bom de português não é suficiente para escrever bem. Há quem conheça todas as regras de gramática, seja incapaz de cometer um erro, mas tem um texto chato, palavroso, sem ideias. Demonstra que pouco leu, ou só leu manuais técnicos.

Há também o oposto: o sujeito que tem uma tremenda voz criativa, é um escritor nato, com ritmo, estilo, uma marca pessoal, cheio de ideias, mas com uma escrita cheia de erros.

Nenhum dos dois sobreviverá, nesse estágio, na cadeia da dramaturgia, na TV, no cinema, nos palcos.

O primeiro, se quiser insistir, ainda pode tentar correr atrás de repertório perdido, ler muito, fazer cursos de escrita criativa.

O segundo ainda tem um grande e promissor campo pela frente se quiser vencer as barreiras e complementar a sua formação. Recusar isso e esperar que alguém o adote com base só no talento é querer desfazer nó cego.

Como diz a professora de português Cíntia Chagas, que trabalha conosco, "dominar a língua é a maior ferramenta de ascensão social".

O campo da criação artística é muito sensível a isso, e toda semana vejo autores brasileiros, e também atores e diretores, que não conhecem a língua ou seu bom uso.

Em casos extremos, mas comuns, vem aqui gente que fala em inglês como adulto, mas escreve em português como criança. A não ser que queiram tentar a sorte em Hollywood, vão ter que gramar muito para avançar no próprio país.

A nossa língua é linda e complexa. E ela não deve ser só dita, tem que ser escrita também.

Um gênio que escreva tudo errado pode até nascer e prosperar, mas gênios, de verdade, não nascem na velocidade que a gente gostaria e com que se usa essa palavra, em vão. Shakespeare só tem um.

Se você escreve, e digo mais, se você fala, se você atua, se você lê um roteiro, busque, antes, ou pelo menos simultaneamente, o domínio do português. O talento irá encaixar-se naturalmente à forma.

Há quem não precise desses conselhos. Em geral, são as pessoas que leem. As que leem desde a infância, por influência da família, por causa de uma biblioteca atraente em casa, por causa da paixão fortuita por um livro, chegam já com a pegada certa.

Já "ouviram", na leitura, uma variedade de vozes, já sonharam com universos descritos por palavras. A inspiração e a forma orbitam o seu desejo de se expressar.

Já sabem identificar, inclusive, um texto que parece errado, mas não é (regionalismos, invenção), e um texto correto no qual o autor não tem a menor ideia do que quer dizer com aquilo (analfabetismo funcional).

Quando vejo 5 mil crianças na Bienal do Livro do Rio dizendo "Thalita, eu te amo", me dá uma sensação de que o Brasil pode dar certo. Vejo que aquela multidão de pequenos leitores não está apaixonada pela escritora juvenil Thalita Rebouças pessoa, mas pelas suas histórias, pelo modo de contar que ela descobriu. Ela veio para a agência como autora de livros e então desenvolveu a carreira de roteirista e *showrunner*.

Essas crianças vão ter um papel importante lá na frente só pelo fato de terem lido com vontade, interessando-se pelo desenvolvimento de uma trama, pela noção de contexto, nesse universo alternativo à velocidade virtual que continua a ser o livro.

Quem tem o poder da comunicação, seja um jornalista, um crítico, um pensador, um autor, seja quem quer que desenvolva um texto, um narrar qualquer e, em bom português, coloque num papel seu pensamento, sua visão embasada em vários aspectos, vai se destacar em alguma esfera, porque oferece um outro olhar, um complemento, uma escolha de reflexão.

Meu pai lia pelo menos um livro por semana. Por um lado, tinha um vício pelo conhecimento e pela classificação. Sentava-se à mesa e dizia "formiga", e a gente respondia: "saúva, tanajura, cabeçuda, cortadeira…". Aí ele começava a dizer nomes de praias, de rios, de montanhas.

Mas, por outro, a leitura lhe dava um novo horizonte: sua curiosidade e sua busca de informação nos livros e jornais o levavam, também, a sair desenvolvendo qualquer assunto e discorrendo sobre astrofísica, economia sustentável, literatura ou a vida dos pigmeus da Guiné.

Era como se ele tivesse criado um "texto próprio": era um autor livre, sem sequer se dar conta.

Ler e escrever de um modo faminto levam a gente a acabar com a ideia de que "tudo se copia, nada se cria". Claro que tudo está ligado a uma cadeia de ideias que tem a idade do *Homo sapiens* na Terra. Mas, com a indústria cultural, a comunicação de massa e a reprodutibilidade, é difícil emergir com algo "inspirado em alguma coisa".

E uma coisa é certa: se não beber das fontes, você nunca vai saber a qualidade do seu manancial nem se o seu fluxo de ideias tem uma personalidade.

Aí, poderá até escolher se quer parecer com alguém ou se prefere surpreender a si e aos outros criando mundos, dedicando-se à sagrada atividade da escrita.

★ O ATOR-AUTOR ★

> OS PRODUTORES ESTÃO COMPULSIVAMENTE
> À CATA DE CONTEÚDO E DE GENTE QUE
> SAIBA ESCREVER E ENTENDA O
> QUE É TEXTO E ESTRUTURA

Pode parecer uma frase radical, mas o mundo das artes, no futuro, não vai ser tanto o do "talento". Vai ser mais do conteúdo. Quem tiver algo reconhecido como "um bom conteúdo" vai ter sempre o seu espaço, o seu lugar ao sol. Porque a busca pelo "diferenciado", a fuga à repetição, é tão frenética entre os produtores de ponta que quem consegue ser, ou ao menos parecer, novo sai léguas à frente. Por isso, cada vez mais atores e atrizes estão partindo para a escrita, paralelamente à atuação.

E alguns acabam ficando só nela...

Quem chega ao mercado, ou emerge nele, com um pilar de capacidades criativas mais desenvolvidas diminui muito o risco de virar refém da interpretação e, algum dia, lá na frente, ter que ficar à mercê de um convite que não vem.

Aliar-se à ideia do "conteúdo" é um pulo do gato evidente.

Claro que um ator e uma atriz muitas vezes já têm veia e pegada autoral na composição de seus personagens. Claro que atuar também é criar. Mas, na maioria das vezes, o ator passará pela mediação do diretor, o que é natural dessa maravilhosa arte.

Experimentar uma folga da batuta do maestro dramaturgo para criar sozinho pode ser uma descoberta prazerosa e produtiva.

Falo de um campo de criação mais autônomo, que vem sendo conquistado por mais gente. Já viram essas atrizes que criam seus próprios monólogos, performances, atos e dirigem a si próprias?

Sabe aquele ator que escreve seu próprio material e vai aos palcos de stand-up lançar-se aos leões e testar o alcance da sua voz?

Esses exemplos vão deixando de ser isolados para tornar-se uma verdadeira onda de tentativas de dialogar com a esfera da criação, muitas bem-sucedidas.

Tenho vários atores aqui que viraram autores expoentes quando decidiram criar. Como ex-produtor de peças, posso, inclusive, ter uma ideia minha e passá-la para um desses novos autores, experimentalmente. Ele cria, desenvolve, e eu vendo. Ou o autor me traz uma ideia e vou para o mercado.

É uma via de mão dupla que não tem regra e que o mercado vem aceitando muito bem. O conteúdo, como um conceito abrangente, tem cada vez mais valor.

Com a abertura para o cabo e o *streaming*, as emissoras, os provedores, os produtores estão compulsivamente à cata de conteúdo e de gente que saiba escrever e entenda o que é uma estrutura.

A chamada "boa história" sempre terá lugar para ser contada em qualquer plataforma, do Instagram à TV aberta, do pátio de uma escola à grande ópera.

Essa é, talvez, a maior tendência dos nossos tempos em diante. E, talvez, uma das mais legais de uma carreira, pois, mesmo quando não se tornam autores, esses artistas do palco ganham em conhecimento.

Os atores de hoje, jovens e veteranos, estão muito ligados nisso. Eu os vejo realmente bebendo na fonte, pesquisando muito, com filmes, com séries, com livros, carregando cadernos de notas como se tivessem virado escritores.

Se detecto um sinal de que um ator meu tem essa veia ou esse desejo, mesmo que ele esteja muito bem de carreira, digo, imediatamente: "Será que não é hora de experimentar outro caminho? Vamos abrir uma porta?". Se encontrar prazer nessa pequena fuga, vai dar frutos e até potencializar a atuação.

O único risco é de o prazer ser tanto que a atuação fique em segundo plano e a escrita ganhe a parada.

E daí?

Se for com consciência, é porque tinha que ser.

★ ESCREVA SUA BÍBLIA ★

[PARA OS AUTORES QUE SE APLICAM E
ORGANIZAM SUAS IDEIAS, O MAR
DA CRIAÇÃO ESTÁ PARA PEIXE]

Dizem que escrever ficção é brincar de ser Deus. Verdade ou não, o fato é que, hoje, nenhum autor vai sequer existir no mercado se não for capaz de escrever uma bíblia. Calma, vou explicar.

"Bíblia", no mundo da criação artística, é um documento de quinze a trinta páginas que descreve formato, premissa, personagens (de forma profunda), arcos narrativos e sinopses de episódios de pelo menos uma temporada, quando for uma série.

Quem quer ser autor tem que estudar a técnica de construção desse documento, que abrange as outras técnicas tradicionais. E, se pretende trabalhar no desenvolvimento de sua ideia em diálogos, ler livros de técnica de roteiro e fazer oficinas.

Não basta, portanto, ter uma boa ideia. Aliás, chegar com uma ideia e dizer que é boa é uma pretensão, por mais talentoso que você seja. Para que seja validada como "boa", mais do que o autor achá-la simpática, é preciso que o agente (se houver), o produtor, a emissora gostem dela e, ainda, que acreditem que o público em potencial (ou o circunstancial...) vá gostar também.

E, mesmo que atenda a todas essas condições, você só vai saber se a ideia foi boa depois que ela for ao ar e prosperar.

Se você tem uma ideia e quer apostar nela, ter o conhecimento da técnica, saber fazer uma bíblia, ter interlocutores e parceiros que a enriqueçam e as condições para levar um projeto viável para um agente, um produtor ou um difusor aumentam muito as chances.

Meu critério como agente para contratar um autor é que, antes de tudo, ele tenha este arsenal: ideias (originais ou de adaptação de um livro, por exemplo); um blog que inspire uma história para a TV; uma quantidade substancial de sinopses sobre as quais a gente possa pensar; ou, melhor ainda, se vier com alguma técnica acumulada, algum estudo, alguma prática ainda que pessoal.

Não estou dizendo que o autor tem que ter todas as capacitações ao mesmo tempo para ser viável. Há autores que não são muito bons de ideias, mas que desenvolvem as ideias dos outros maravilhosamente.

E há os que são mananciais permanentes dos quais jorram ideias às dezenas, mas detestam desenvolver um diálogo ou pensar em arcos.

Há autores que entendem muito de estrutura, são especialistas nisso; outros, muito bons de diálogos, enquanto seu colega é ótimo desenvolvedor, mas não funciona nos diálogos.

Muitos de meus autores são capazes de desenvolver uma ideia minha, por exemplo (eu tenho muitas ideias, mas não sou um roteirista), formar grupos de trabalho, salas de roteiro. Num processo desses que emplaque, eu sou um pouco autor também, mas eu não viveria de autoria porque não tenho a técnica.

Um ator, necessariamente, tem que fazer curso, ter um grande preparo de corpo, uma carreira gerenciada, uma assistência. Já o autor vai criando seu trânsito de forma mais multifacetada e informal. Ele tem uma gama maior de caminhos para emplacar suas viagens criativas, numa indústria em desenvolvimento que criou seus canais próprios e um sistema de venda plural.

Nessa virada de década, o Brasil ainda está aprendendo a técnica de fazer séries em série. Os produtores locais e os canais das *majors* no cabo e no *streaming* vêm precisando muito de mão de obra, e de todas as idades. Ideia não tem idade, eu diria, e nas salas de roteiro essa interação entre o jovem autor e o velho escritor é considerada muito produtiva.

O que aconteceu com o passar do tempo é que, com a entrada do *streaming* e o fim do monopólio da TV aberta (que tinha sua forma local de desenvolver novelas e séries), a profissão de autor começou a ser vista de maneira mais técnica, independente e segmentada, segundo um desenho que vai sendo formatado, próximo à técnica americana.

A venda se dá em dois modelos. No primeiro, o autor, em geral por sua própria conta e risco, monta sua equipe (a parceria é comum e bem-vinda), prepara a bíblia, a apresentação, o *pitch* (resumo em poucas palavras da premissa, muito valorizado), e vai bater à porta do agente. Ou, em pelo menos metade das vezes, direto do canal, ou via produtora.

Esse modelo é mais para quem não está no mercado específico de roteiro e busca entrar na roda da criação. Pode ser um escritor de livros, um blogueiro, um sujeito que faz podcasts e quer migrar para o audiovisual, um ator que quer ampliar o seu universo (esse é um modelo no qual eu mais aposto), um advogado que acha que é bom de escrita ou um influenciador digital. Embora, neste último caso, o pessoal costume ter sérios problemas na hora de passar da piada fácil, do texto de 280 caracteres mal escrito, para uma criação mais perene.

O outro modelo é quando a produtora já tem uma ideia e contrata o autor, monta uma sala de criadores, desenvolve o projeto e vai vendê-lo aos canais, aos teatros, ao cinema. Se emplaca, vai atrás de autores já com currículo, com história na televisão, nas telas, se for uma produção mais custosa ou ambiciosa.

O autor, antes de tudo, deve se preocupar em ter um desenvolvimento próprio de conteúdo. Não pode, nunca, ficar à mercê da espera de um convite.

Tem que criar seus próprios produtos, partir para a prática, não aguardar um contrato.

Seja literário (para adaptação posterior), seja um argumento bom para o cinema, seja um roteiro de série para TV, é preciso munir-se de um arsenal que possa ser vendido, mas sempre com algum desenvolvimento prévio. Para os autores que se aplicam, mais do que nunca o mar da criação está para peixe.

3. O NEGÓCIO DA ALMA

★ ZEZÉ VISITA ELIZETH ★

[NO UNIVERSO DA ARTE, É
COMUM SER TOMADO POR
EXPERIÊNCIAS FORA DO COMUM]

Às vezes a gente capta o acaso. Noutras, o acaso vem até nós e nos surpreende. Creio que isso aconteça também quando estamos com os canais abertos.

No universo da arte, é comum ser tomado por experiências extraordinárias. Cada um as enxerga de uma forma, numa escala que vai do funcionamento natural da psique, com seu rico imaginário tão afeito ao artista, às convicções pessoais, subjetivas, de se estar lidando com um fenômeno misterioso.

Por isso conto esta história.

Quando *Zezé Motta canta Caetano* estreou, eu ainda não trabalhava com ela. Foi Zezé quem me procurou para, em 1998, seguir, no mesmo filão, com *Zezé Motta canta Luiz Melodia* (com participação do próprio) e, em seguida, com o CD e o show *Divina saudade*, em que ela interpretava Elizeth Cardoso e seu repertório, em 1999.

Foi uma felicidade, não apenas por poder trabalhar na união da grande potência vocal e teatral que é Zezé com um personagem da dimensão de Elizeth, pivô da grande transformação da canção tradicional, do samba-canção, na Bossa Nova, mas também porque a efeméride era boa: quarenta anos exatos da gravação de "Chega de saudade", no mítico álbum *Canção do amor demais*, em que Elizeth cantava Tom Jobim e Vinicius de Moraes acompanhada do violão de João Gilberto e banda, LP que selou a metamorfose musical que levou à Bossa.

Para coroar tanta convergência, um pequeno causo que, gosto de crer, tem origem espiritual. A história é assim: com onze anos, cresci onze centímetros em poucos meses. Isso provocava dores terríveis, as chamadas dores do crescimento.

Fomos a três médicos. Todos queriam me operar de qualquer jeito. Meu pai, que era médico, não permitiu. Achava loucura, um chute da ciência. Mas as dores continuavam, eu não conseguia subir uma escada, tive que parar os esportes. Então uma amiga da escola recomendou que eu fosse a um centro espírita na Tijuca.

Era uma sala pequena, na rua Uruguai, com cinquenta lugares. Sempre que eu chegava, o homem, que dizia incorporar o espírito de um homem chamado André Luiz, olhava para mim:

— Olha, chegou o artista.

— Que artista?! Quero ser médico! — eu reagia.

— O futuro vai te dizer.

Com André Luiz, fiz uma cirurgia espiritual, e o tratamento posterior incluiu seis meses de homeopatia. Frequentei o espaço por um ano. No primeiro dia em que estive lá, minha amiga apontou para uma mulher que sentava na lateral, onde estavam os casos mais graves, que se submetiam a cirurgias espirituais.

— É a Elizeth Cardoso.

Elizeth tinha uma doença da qual acabou se curando provisoriamente. E eu fiquei bom de minhas dores, seja pelas cápsulas homeopáticas, pelo espírito de André Luiz, ou, simplesmente, porque parou o crescimento acelerado e me adaptei, como quase todas as crianças.

Infelizmente, Elizeth nos deixou vinte anos depois, por causa de um câncer no estômago. Nós ainda estamos aqui, e podemos nos lembrar dela na voz de Zezé Motta, aos 64: até hoje ela continua a levar o espetáculo sobre Elizeth país afora.

Uma luz que não se extingue.

★ SÓ É LOUCO QUEM PODE ★

[QUALQUER RELAÇÃO ACABA QUANDO ACABA O RESPEITO. UM POUQUINHO DE NORMALIDADE NÃO É NENHUM PECADO]

Este capítulo é um desabafo. Sobre uma gente que, por estar num lugar em que se pode dizer tudo, perde completamente as estribeiras.

Não é uma questão de liberdade de expressão, mas de uma certa elegância que transcende origem ou classe social, instrução, credo. Uma certa noção de dignidade.

Até que ponto aquilo é criação e até que ponto é só um baixo nível de essência mesmo, se é que isso existe?

Um discurso disforme, sem função, gratuito, sustentado pela sede de ostentar posição e poder.

O palavrão pelo palavrão, sem engate, sem cadência, sem surpresa, sem a graça da piada, fora da obra, fora da órbita...

Pode ser que eu esteja velho pra isso, mas precisa? O Brasil tem que ser o país que vai sustentar essa bandeira?

Uma atriz ainda na ativa conta que, nas antigas, ficava nua em certas festas, mas de forma chique, empunhando sua taça de bebida.

Era uma outra cultura. Aquilo podia ser visto como performance. Como extravagância.

Cada um faça seu sexo, viva sua relação aberta, forme trisal, ou seja careta, o que quiser, essa é a graça da vida sem opressão.

Mas, quando o sexo passa a ditar a rotina do negócio e interfere no sistema, a máquina pode emperrar feio.

A relação (pessoal ou profissional, institucional, contratual) acaba quando acaba o respeito.

Para citar, invertidos, dois versos de Caetano Veloso: "De perto ninguém é normal [...] mas eu também sei ser careta". Um pouquinho de normalidade não é nenhum apocalipse, nenhum pecado. Só é louco o tempo todo quem pode.

Falo isso de pessoas para quem as referências não são mais Paulo Autran, não são os grandes atores, as grandes damas. Daqui a dez anos, quando todo mundo morrer, a última geração de grandes artistas vai ser o quê?

Uma terra de ninguém?

Uma profissão sem glamour e sem arte, sem estudo, sem contexto?

A sociedade adoece, passa o dia no Instagram achando que aquilo é arte. Que seguidor é "público" no sentido estrito. Não dá mais pra encarar tudo como uma grande banalidade.

Estamos num nível tão rasteiro que quem está pagando a conta somos nós, e seremos nós: os que amam verdadeiramente a arte.

Limites existem, mesmo quando são naturalmente estabelecidos. Se não, fica tudo fora de controle. Nenhuma opção exclui uma coisa chamada "valores".

Um festival de teatro pode ter manifestações de anarquia, é até desejável. Mas a anarquia dentro das relações destrói a arte.

Sem um tico de cerimônia, ou ao menos a memória dela, o que se gera não é liberdade: é caos.

Um pouco de classe permite que, na expressão artística, se soltem as estribeiras e a loucura possa assumir o seu lugar de criação.

★ BOA COMPANHIA ★

[
É MELHOR ESTAR BEM ACOMPANHADO,
E NÃO SÓ DE GENTE BOA, MAS TAMBÉM DE
BONS CONCEITOS E BONS PRINCÍPIOS
]

"Antes só que mal acompanhado", diz o ditado popular. Acontece que a vida, hoje, é igual a uma rede, ou um network. Quem está nessa rede está acompanhado. Quem está fora dela é condenado ao isolamento.

O ideal, portanto, é fugir do dilema e editar o ditado: é melhor não estar só e, ao mesmo tempo, estar bem acompanhado. Não apenas acompanhado de gente boa, mas de bons conceitos e de bons princípios.

Eu, por exemplo, além das minhas divas — as grandes damas do teatro e da televisão, que se tornaram uma família para mim —, tenho três amigas inseparáveis, e imateriais: a intuição, a fé e a autoestima.

As divas são um pouco ciumentas, e eu tenho ciúmes delas também. Mas a intuição, a fé e a autoestima não: elas estão sempre disponíveis.

Tê-las ao lado, contudo, é uma escolha, que demanda muita luta e coragem de apostar. Certo é que, com elas, fica tudo mais fácil. Na vida e na profissão.

Isso está conectado ao humano e ao investimento pessoal, essenciais para pensar hoje, concretamente, em mercado de trabalho. Sobretudo num mercado como o artístico, que envolve o ego, é altamente competitivo e está sempre sujeito a tempestades provocadas pelo poder público, num país em que a cultura é muito dependente das leis de incentivo.

Sem elas, é impossível sobreviver na profissão.

Se você não tiver uma boa base, em algum momento vai cair e não vai se levantar mais. É uma questão, eu diria, de física emocional: se o humano não se iguala ao profissional, o equilíbrio não se faz, fica tudo bambo, e a queda é inevitável.

Para chegar a essa conclusão, tive que partir do meu próprio exemplo, da minha vivência e da minha luta. Hoje, quando me perguntam "Como você consegue administrar 340 talentos?", respondo: "Trabalho, fé, intuição e perseverança".

Não há outro caminho.

OS QUINZE MANDAMENTOS

★ ★

[DUVIDO QUE OS GÊNIOS DA INTELIGÊNCIA ARTIFICIAL CONSIGAM, ALGUM DIA, DETERMINAR O ALGORITMO DO SUCESSO]

Na comédia *A história do mundo*, uma saga enlouquecida de Mel Brooks sobre a linha do tempo humana, Moisés, o profeta, recebe de Deus três tábuas da lei com quinze mandamentos cravados na pedra, mas, como só tem duas mãos e dois braços e não é um malabarista, só consegue segurar duas.

Uma tábua cai, se quebra e, assim, sobram dez mandamentos, e não quinze (na verdade, como esclarece um amigo judeu, o Velho Testamento traz 613 mandamentos, mas isso é outra história, e este livro não é um curso de Teologia).

Conto essa cena, a mais comentada do filme, porque, depois de muito refletir, a pedidos, sobre quais seriam os dez mandamentos para a gênese de uma grande estrela, cheguei aos quinze, como se fossem uma dádiva recebida de alguma divindade estelar.

Ou uma escolha inconsciente, por conhecer o filme de Mel Brooks...

Em vez de reduzir para dez, o que seria um tipo de autocensura imposta pela forma final das tábuas da lei, me senti encorajado pelo Moisés da comédia a respeitar o que os céus, com seus humores imprevisíveis, me enviaram. E aproveitar para fazer essa piada.

Sou contra receitas de sucesso e duvido que os gênios da inteligência artificial consigam, algum dia, criar um algoritmo que, cruzando todos os casos de triunfo e fiasco, determine a fórmula para se tornar uma estrela.

Isso é uma coisa.

Outra coisa é utilizar o senso de observação e a experiência acumulada para gravar, se não nas tábuas, na cuca, num papel ou neste livro estes mandamentos bem terrenos para alcançar o grau máximo de sucesso dentro de nossas possibilidades e dos limites que nosso potencial e nossa personalidade demarcam.

I. *Amarás a arte sobre todas as coisas.*

II. *Não tomarás os nomes das estrelas em vão.*

III. *Santificarás os espetáculos e teu público.*

IV. *Honrarás teu texto e tua fala.*

V. *Não matarás o talento.*

VI. *Não cometerás atos mesquinhos.*

VII. *Não roubarás a cena conscientemente.*

VIII. *Não mentirás nas redes.*

IX. *Não cobiçarás o papel do próximo.*

X. *Respeitarás tua vocação.*

XI. *Adorarás a formação.*

XII. *Não explorarás teu filho.*

XIII. *Dominarás teu corpo.*

XIV. *Lutarás por causas.*

XV. *Não te compararás.*

Amém.

O ÚLTIMO GRITO

Quando me dei conta de que haviam morrido monumentos do palco como Paulo Autran e Paulo Goulart, eu disse a mim mesmo: "Pronto. *La nave va*".

Depois, quando, no espaço de quatro anos (entre 2015 e 2019), partiram Tônia Carrero, Marília Pêra, Bibi Ferreira, Eva Todor — todas minhas irmãs e minhas colegas —, a sensação de que o melhor tempo se foi ficou mais forte ainda.

Este livro é meu último grito. Ao escrevê-lo, quis mostrar que ainda dá tempo. Tempo de retomar a carreira (no sentido do ofício, como um todo) e tempo de ser Artista com A maiúsculo se nos conectarmos com os ensinamentos desse glorioso passado ao embarcar num futuro que nos chega veloz.

A ponte que liga esses dois "continentes" é o presente. Dele depende a maneira como se desenhará o mapa da atuação nas próximas décadas.

Sim, ainda dá tempo. O brilho da carreira de ator/atriz pode ser retomado por meio do estudo, da consciência teatral, da coragem de pôr em segundo plano a fama e o dinheiro e, em primeiro plano, o trabalho de base.

Ainda dá tempo de tocar as pessoas para isso.

O mundo de hoje tem muito mais recursos, pode ser mais criativo, produtivo, bem executado tecnicamente, atingir mais gente, democratizar o talento, criar bons hábitos em massa.

Em Portugal, visitei um projeto-escola criado por Ana Rangel, uma das sócias da Plano 6, a maior produtora de teatro do país. Ela me disse que, no projeto, eu veria "mil miúdos". Achei que encontraria meninas e meninos de oito a dez anos atuando. O que vi foram mil crianças de três, quatro, no máximo cinco anos. Muitos de chupeta.

Pensei que não parariam quietos para assistir ao espetáculo (que era sobre o corpo humano), que tudo acabaria numa confusa confraternização. Mas, na hora, os mil miúdos silenciaram diante dos monitores e, quando os atores propuseram perguntas, as crianças que já falavam respondiam.

Para mim, uma cena como essa é o ápice da civilização. É isso que eu sonho para o Brasil. Um tipo de projeto, de consciência, de educação, que aproveita, nos palcos, nas telas, os avanços da tecnologia, em vez de deixar o celular engolir toda uma geração.

A arte é revolucionária, sempre. Desperta sua sensibilidade e faz você ver o mundo de outra maneira, mudar suas atitudes, compreender o todo para entender a vida.

Sem a arte a vida fica muito dura.

Tudo é arte. Você liga a TV, ouve música, vai a peças e shows, emociona-se com um quadro, fica com saudades quando um livro acaba, canta no chuveiro. Até o futebol, idealmente, é tido como arte. Quando a arte escasseia, ou quando se precariza, fica superficial, sem base, é como se a vida humana perdesse o rumo.

Há cidades, especialmente na Europa e nos Estados Unidos, mas também em países de outros continentes, nas quais os investimentos em qualidade de vida e em segurança se irmanam, de igual para igual, com o feito na arte.

Enquanto isso, nas grandes cidades brasileiras e em especial em centros tradicionalmente irradiadores de cultura como o Rio, os museus estão precários, os teatros, falidos, os cinemas, caros e inacessíveis. A televisão e as redes sociais predominam.

Na TV, temos um grau de dramaturgia e uma intensa produção, mas na internet, apesar de gloriosas e inovadoras exceções, ainda há pouca arte. Como se não bastasse, ao longo dos últimos anos, o poder público tem promovido uma agressão sistemática, cruel, à cultura, aos artistas, à pluralidade.

Insisto que temos chance de renascer.

Mas os valores mudaram, as estrelas mudaram, youtubers sem nenhuma cultura reinam absolutos. Gente sem preparo, sem ter o que dizer, sem consistência, sem compreensão de um texto, e com uma grande arrogância vai conquistando o interesse do público, desde as bases.

A formação das pessoas que dominam o mercado hoje vem de outra escola. A televisão, e não mais o teatro, passou a gestar, na prática, quase todas as estrelas do país. Todas as do passado vinham do teatro. Dentro do pensamento em que me formei, é uma mudança radical de paradigma.

Os valores mudaram muito. A grana e a fama estão no primeiro plano. Antes, a fama era consequência, e a grana era o lucro do dia a dia de um esforço tremendo que se fazia para conciliar rádio, teatro, televisão.

Isso gera um grande desconforto. Queria que achássemos uma adequação, para que a geração de hoje se adaptasse de maneira positiva. Não tenho conseguido ver isso. Há muita coisa boa, mas não vejo a substituição das bases que ruíram.

Temos o privilégio de estar no país onde continuam em atividade Nathalia Timberg, Rosamaria Murtinho, Nicette Bruno, Eva Wilma, Irene Ravache, Betty Faria, Suely Franco e Ana Lucia Torre. E eu tenho o privilégio de representá-las nesse mundo em radical transformação geracional. Em 2019, algumas delas estiveram juntas em cartaz na novela *A dona do pedaço*, junto com outras estrelas veteranas como Nívea Maria, Berta Loran e, em parte da trama, Fernanda Montenegro, nosso orgulho nacional, com sua habilidade incomparável de equilibrar razão e emoção no grande jogo da dramaturgia.

Mas as últimas divas, ou damas, do teatro (e da TV) vão desaparecendo. Até pouco tempo atrás, surgiam e floresciam essas mulheres que atuam com base em conhecimento e estofo, e que também cantam, dançam e circulam em todos os palcos e mídias como seres míticos. E estão no alicerce não só da minha vida, mas de uma imensa parte das riquezas artísticas que o Brasil construiu e permanecem vivas.

Daí ocuparem o espaço que ocupam neste livro.

Faz já um tempo que não aparece nenhuma. E olhem que não estou falando das mais jovens, não. Refiro-me também à geração de trinta e quarenta anos e à meia-idade. Ninguém mais se destaca nessa posição de polivalência, com dezenas de espetáculos nas costas, dramas, comédias, monólogos, musicais, shows.

A última, eu diria, é Claudia Raia. A única atriz da geração posterior às grandes divas que faz televisão, cinema, teatro, show, constantemente, em todos os estilos. Tem uma carreira consistente dentro do que ela produz, é uma empreendedora, com um afinco e uma determinação que eu não vejo mais.

Temos grandes artistas em todas as gerações, mas de presença mais sazonal e consumida pelo cinema e pela televisão. São brilhantes em suas capacidades específicas, com suas especialidades. Há artistas jovens, estudiosos e cultos, estudando e surgindo com talentos extraordinários. Há comediantes meteóricos. Há cantores excelentes. Há companhias de teatro excepcionais, com trabalhos coletivos de grande envergadura física e dramática, nos quais atores e atrizes bastante versáteis surgem.

Mas esse conceito, de transitar entre teatro, TV, cinema, espetáculo, atuando, cantando, dançando, sendo vedete num dia e grande atriz dramática no outro, esse giro de 360 graus na carreira, que atrizes da linhagem de Bibi, Marília e outras fizeram, não se vê.

E, creio, não se verá mais.

É mais ou menos o que ocorreu com o Pelé, com uma diferença: ele era único. Ele tinha todos os fundamentos, não? Chutava, cabeceava, dava passes, tinha explosão, driblava que era uma maravilha. Pelé fazia tudo. Todos os grandes de sua época e depois dele eram especialistas, nunca atletas totais, como ele foi. Já as grandes divas eram muitas, como se, nos palcos, pudessem existir vários Pelés: elas eram completas.

Essas reflexões me levam ao dia em que conheci Nathalia Timberg. Foi no saudoso teatro do Copacabana Palace, onde estava em cartaz *Viagem a Forli*, de Mauro Rasi, que Nathalia produzia. Uma superprodução com palco giratório, um carro em cena e até neve.

Eu era amigo da produtora-assistente dela, que tinha ficado de me emprestar um microfone sem fio (na época, uma preciosidade) e me convidou para ver a peça, pegar o apetrecho e, no fim, ir ao camarim conhecer Nathalia. Mas, na hora, a produtora me avisou que algum imprevisto dificultava minha visita.

— Se quer mesmo falar com ela, invada o camarim, pois de lá ela não vai sair tão cedo.

Era conhecida sua fama de demorar-se no camarim. Para muitos, inclusive para mim, era um mistério. E daquela vez a espera era maior que a habitual. Estava na hora de descobrir o motivo, e lancei-me à invasão.

Quando cheguei lá, Nathalia estava penteando sua peruca, que repousava na fôrma de gesso. Interrompi os passos, fiz total silêncio e contemplei a cena o máximo de tempo que pude.

Uma cena hamletiana. Só faltava propor à peruca o dilema do "ser ou não ser", o que deixaria a famosa caveira de Shakespeare em estado de fúria.

Nathalia estava triste. Havia perdido o melhor amigo naquela noite. Fiquei intrigado e, quando enfim travamos contato, expressei a dúvida.

— Você perdeu o melhor amigo e encontra tempo e energia para cuidar da peruca após o espetáculo.

— As perdas acontecem, mas a vida segue e o público não tem nada a ver com isso — ensinou.

Até hoje, a atriz de noventa anos, ao voltar de uma temporada em São Paulo, por exemplo, traz a peruca para ser lavada no Rio de Janeiro, no local de sua preferência.

E ai de quem mexer com essa peruca.

Acabou assumindo o cabelo branco, e a peruca virou uma entidade à parte, um espectro de algo que, um dia, a acompanhou no trabalho, na vida social, na dor e na alegria.

A peruca é um ser.

Ou um não ser, não sei, eis a questão.

Ou não…

Vou encerrar este livro pedindo licença para contar mais uma da Nathalia. No Recife, fazendo *Três mulheres altas*, ela sai do banheiro para atender com pressa o telefone.

Leva um tombo.

Faz uma fratura exposta do colo do úmero.

A atriz Beatriz Segall consegue um aviãozinho com o governador de Pernambuco, que pousa no Santos Dumont, no Rio, levando Nathalia.

Eu arrumo um carro para entrar na pista.

Toda enfaixada, Nathalia segue direto para a cirurgia.

Dias depois, com uns duzentos pontos, ela estreia, às terças e quartas, a peça *Paixão*, no teatro Delfim. E, nos fins de semana, viaja com o espetáculo *Três mulheres altas* em turnê pelo país.

Sem modificação cênica, só com o braço direito imobilizado.

Um monólogo de muita movimentação, que a obriga a caminhar o tempo todo.

Estamos em cena, eu na bilheteria. Alguém grita:

— Montenegro, Nathalia caiu do palco!

Saio que nem um louco pela rua, dou a volta no quarteirão para entrar pela coxia.

Quando chego, ela está muda, abaixada, sentada num divã de cena.

Na hora de puxar um pano, havia perdido o equilíbrio. Como tem problema de calcanhar, caíra do palco, em cima da plateia, uma plateia baixa.

Não se machucou.

Ela grita para ninguém tocar nela, porque está toda costurada, da cirurgia.

Levanta-se.

Entro em "cena":

— Nathalia, a peça está encerrada.

Ela olha para mim e diz:

— Sai de cena, porque eu vou continuar.

Eu olho para a casa, aquela casa lotada, a arte.

Vou fazer o quê?

Saio de cena, fica Nathalia e sua grande voz.

Afinal, teatro é voz.

E a peça termina.

POSFÁCIO
POR CACO CIOCLER

Ser ou não ser, eis a questão.

Não fosse tão neurótico, Hamlet nos teria poupado um precioso tempo.

A ideia não é minha e tampouco nova. Na computação, níveis quânticos inimagináveis vêm sendo atingidos quando passamos a oferecer às máquinas a possibilidade de convivência pacífica entre o "zero" e o "um", em vez de continuar forçando-as a ter que escolher entre um e outro. Ator que era, Shakespeare devia saber que esse seu/nosso ofício floresce justamente na vontade libertária de viver uma simultaneidade.

Um exemplo: morro de eutanásia num espetáculo, de quinta a domingo, diante de família e amores. Sou eu? Não. Sim.

Há uns anos, eu repetiria em cena um burro esforço de ser, toda vez, o mesmo ser. Hoje apenas me sento no sofá-cenário e me empresto. Se estou de mau humor, sinto os últimos momentos com irritação, o que me leva a um tipo de experimentação e vivência. Deixo que o choro me irrite, a compaixão me irrite. E morro, dessa vez, assim.

Se estou afetuoso, a despedida é outra, comove. Um dia são minhas mãos que me chamam a atenção. Nossa, como olho pouco para elas! Noutro as rugas no rosto da atriz. Me fazem pensar sobre seu tempo. O tempo de uma atriz. Uma sujeira no chão, sobre a insignificância. Tudo serve. Não desperdiço o eu, não brigo com ele, fundo-o ao outro.

Ser *e* não ser, eis a questão.

Experimentar, a cada instante, criação. Jamais buscar repetição. E assim o teatro alimenta a vida, e a vida, o teatro. Crescemos os dois. O exercício é o da despedida da ilusão do controle.

Perseguir esse estado sagrado em cena, conseguir ou não se manter nele, diz muito sobre o artista que se é, o que se quer ser e, consequentemente, sobre a carreira que se quer construir.

Chamo de sagrado o estado não como boba retórica. O que poderia ser mais sagrado do que recriar vida, esse alimento de Deus?! Sagrado porque pressupõe comunhão, uma escuta aguçada do outro, um estado de presença que nos coloca a serviço da criação, que de volta nos oferta o testemunho da vivência em criação. Qualquer estado diferente desse denuncia uma usurpação. Se o ator não está a serviço da criação, está cometendo um crime. Por isso o sagrado serve de bússola, serve de alerta e raia para nos mantermos onde devemos nos manter. Qualquer estado fora dele denuncia um constrangedor equívoco sobre o entendimento da profissão.

O exercício de nos mantermos alinhados a essa escolha, de não cedermos a tentações, é nosso, só nosso, do ator. Um exercício diário, doído, doido.

A construção de uma carreira, assunto deste livro, deveria servir para darmos continuidade a esse exercício, longevidade a esse exercício, levando-nos ao privilégio da simultaneidade com personagens cada vez mais complexos, alimentando assim nosso eterno aprendizado da existência. Apenas isso.

E isso não é pouca coisa.

Agradecimentos

Pelos preciosos depoimentos para a seção "Intervalo: os mestres", a Ana Botafogo, Camila Amado, Charles Möeller, Cibele Santa Cruz, Cininha de Paula, Claudia Raia, Cris D'Amato, Fabiana Karla, Fernanda Chamma, Iafa Britz, Isabela Garcia, Jules Vandystadt, Karen Brustolin, Kefera, Larissa Bracher, Lígia Cortez, Luiz Noronha, Marcela Altberg, Marcello Bosschar, Marcelo Saback, Maria Maya, Mauro Alencar, Miguel Falabella, Patrícia Kogut, Rodrigo Lopes, Rose Gonçalves, Thalita Rebouças, Vanessa Veiga, Vavá Torres, Zezé Motta.

Pela confiança e atenta leitura, às minhas editoras Raquel Cozer, Renata Sturm e Diana Szylit.

Pela colaboração e pela amizade de sempre, a todas as funcionárias e aos funcionários da Montenegro Talents.

A Cacau Higino, meu companheiro.

À minha estrela maior, a golden Luciana, dama amorosa, minha eterna gratidão.

E meu agradecimento especial à parceria do querido jornalista e escritor Arnaldo Bloch.

ESTE LIVRO FOI COMPOSTO EM ANTON, BEMBO STD,
FUTURA LT PRO, GIN E MONO45-HEADLINE E IMPRESSO EM
PAPEL PÓLEN SOFT 80 G/M^2 NA ASSAHI.